"十四五"时期国家重点出版物出版专项规划项目

智能建造理论·技术与管理丛书

一流本科专业一流本科课程建设系列教材

交通工程基础设施智能建造数字化技术

主　编　崔春义　张　鹏　刘海龙

副主编　张　澄　刘京茂　刘　方　苏　健

参　编　张　琦　王坤鹏　汪承志　赵九野　孟　坤　郭培玺

主　审　裴华富

机械工业出版社

本书基于Autodesk Revit软件平台，系统展示了交通工程基础设施数字化建模方法与应用实例。全书共分为8章：第1章为交通工程基础设施智能建造概述；第2～7章分别以连续梁桥、隧道、汽车客运中心、火车站、加油站、地铁站等交通工程基础设施结构为例，详细介绍其BIM建模方法，包括族库制作、模型组件整合、用量明细表输出等内容的应用实例；第8章介绍虚拟现实技术在交通工程基础设施建设中的应用。

本书适合作为高校土木工程、交通工程及其他相关专业的教材使用，也可为广大从事交通工程基础设施建设或BIM相关工作的工程技术人员提供学习参考。

本书配有授课PPT、建模文件等教学资源，免费提供给选用本书的授课教师，需要者请登录机械工业出版社教育服务网（www.cmpedu.com）注册后下载。

图书在版编目（CIP）数据

交通工程基础设施智能建造数字化技术 / 崔春义，张鹏，刘海龙主编. -- 北京 ：机械工业出版社，2024.7
"十四五"时期国家重点出版物出版专项规划项目
智能建造理论·技术与管理丛书 一流本科专业一流本科课程建设系列教材
ISBN 978-7-111-75590-6

Ⅰ.①交… Ⅱ.①崔… ②张… ③刘… Ⅲ.①数字技术–应用–交通控制–交通设施 Ⅳ.①U491.5

中国国家版本馆 CIP 数据核字（2024）第 072741 号

机械工业出版社（北京市百万庄大街22号 邮政编码100037）
策划编辑：李 帅　　　　　 责任编辑：李 帅 于伟蓉
责任校对：王荣庆 张 薇　 封面设计：张 静
责任印制：常天培
北京铭成印刷有限公司印刷
2025年1月第1版第1次印刷
184mm×260mm · 17.25印张 · 426千字
标准书号：ISBN 978-7-111-75590-6
定价：59.00 元

电话服务　　　　　　　　　　网络服务
客服电话：010-88361066　　机 工 官 网：www.cmpbook.com
　　　　　010-88379833　　机 工 官 博：weibo.com/cmp1952
　　　　　010-68326294　　金 书 网：www.golden-book.com
封底无防伪标均为盗版　　机工教育服务网：www.cmpedu.com

前　言

目前，我国交通工程基础设施建设规模已跃居世界前列，取得了一系列举世瞩目的成就，但现阶段仍存在科技创新核心竞争力不强，智慧安全绿色发展水平亟待提升等一系列问题。随着 BIM、大数据、移动互联网、物联网、云计算、人工智能等新兴技术的深入研究与应用，智能建造成为解决交通工程基础设施建设中各类挑战、实现"交通强国"战略目标的主要突破点，国家和交通运输行业发布的多项文件也明确了提升交通工程基础设施数字化水平的发展规划。BIM 技术是交通工程基础设施智能建造的重要基础，对 BIM 技术的推广应用会给交通工程基础设施建设工程的设计、施工以及运营维护带来巨大的建筑模式变革和智能技术提升。

本书基于 Autodesk Revit 软件平台，详细介绍了交通工程基础设施数字化建模方法，包括工程构件建模、族库定义、模型拼接、检查修正、碰撞检查、明细表生成与查阅、虚拟现实模型展示等方面内容。案例选取涵盖连续梁桥、隧道、综合交通枢纽等多种典型交通工程基础设施，内容全面丰富，具有一定的代表性、专门性和拓展性。在案例教学中，本书将"族""族嵌套""参数驱动"等抽象概念分解后融入实操过程，配合详细的截图说明操作流程，具有良好的可读性与实操性。

全书共分为 8 章：第 1 章为交通工程基础设施智能建造概述；第 2~7 章分别以连续梁桥、隧道、汽车客运中心、火车站、加油站、地铁站等交通工程基础设施结构为数字化建模应用实例，详细介绍其 BIM 建模方法；第 8 章介绍虚拟现实技术在交通工程基础设施建设中的应用。读者通过阅读本书与练习配套的课后题可以了解交通工程基础设施智能建造的基本概念，并掌握应用 Revit 软件进行交通工程基础设施数字化建模的基本操作。

本书由崔春义、张鹏、刘海龙担任主编，张澄、刘京茂、刘方、苏健担任副主编，张琦、王坤鹏、汪承志、赵九野、孟坤、郭培玺参加编写，裴华富担任主审。本书在编写过程中，得到了有关专家与业内同行的大力支持与帮助，在此编者表示衷心感谢。此外，本书编写工作先后得到了国家重点研发计划（2021YFB2601100）、国家自然科学基金（52178315）、中国高等教育学会 2022 年度高等教育科学研究规划课题重点项目（22SY0208）、2021 年度辽宁省教育科学"十四五"规划课题（JG21DB064）、中国交通教育研究会教育科学研究重点课题（JT2022ZD017）和 2023 年度辽宁省研究生教改项目（辽教通〔2023〕385 号-147）

的资助。此外，特别感谢陕西省混凝土结构安全与耐久性重点实验室对本书编写工作的大力支持。

由于编者水平有限，书中难免存在疏漏之处，敬请广大读者给予指正。

崔春义

于大连海事大学　文源楼

目　　录

前言

第1章　交通工程基础设施智能建造概述 ··· 1

1.1　从"交通大国"到"交通强国"的发展趋势与背景 ································ 1

1.2　交通工程基础设施智能建造概念及发展历程 ·· 2

1.3　交通工程基础设施智能建造数字化技术 ··· 4

第2章　连续梁桥数字化模型 ··· 7

2.1　工程概况与建模思路 ··· 7

2.2　创建主要构件族库 ·· 8

2.3　模型组件整合 ··· 34

2.4　数字模型展示及模型输出 ·· 43

2.5　工程创新典范——港珠澳大桥 ·· 45

课后题 ··· 46

第3章　隧道数字化模型 ·· 48

3.1　工程概况与建模思路 ·· 48

3.2　隧道主体结构建模 ··· 49

3.3　隧道附属构件建模 ··· 71

3.4　隧道整体模型组装 ··· 82

3.5　迎难而上，攻坚克难：厦门首条盾构海底隧道 ····································· 92

课后题 ··· 92

第4章　汽车客运中心数字化模型 ·· 94

4.1　项目概况和建模思路 ·· 94

4.2　项目创建及标高轴网绘制 ·· 96

4.3　主体结构建模 ··· 99

4.4　附属构件建模 ··· 107

4.5　导出明细表 ·· 123

4.6　开放包容的象征：深圳福田地下综合交通枢纽 ···································· 126

课后题 ·· 127

第5章　火车站数字化模型 ·· 128

5.1　工程概况与建模思路 ·· 128

5.2　建模准备工作 ··· 130

5.3　主体结构建模 ··· 135

5.4　附属构件建模 ··· 146

5.5　明细表创建 ·· 155

5.6　传统与现代的完美结合：南京火车站 ······························· 157

课后题 ··· 158

第6章　加油站数字化模型 ·· 159

6.1　工程概况与建模思路 ·· 160

6.2　加油站网架顶棚结构建模 ·· 161

6.3　混凝土独立基础建模 ·· 172

6.4　钢结构柱建模 ··· 178

6.5　网架项目模型组装 ·· 182

6.6　加油站便利店建筑 ·· 184

6.7　"双碳"目标下的加氢站 ·· 193

课后题 ··· 193

第7章　地铁站数字化模型 ·· 194

7.1　项目概况与建模思路 ·· 194

7.2　创建项目及绘制标高轴网 ·· 196

7.3　主体结构建模 ··· 199

7.4　附属构件建模 ··· 207

7.5　定制族类建模 ··· 221

7.6　我国盾构机技术从被西方技术垄断发展到世界一流水平 ·········· 234

课后题 ··· 234

第8章　虚拟现实技术 ·· 235

8.1　BIM 模型制作 ··· 236

8.2　BIM 模型导出 ··· 251

8.3　基于 Unity 的虚拟工作空间创建 ·· 255

8.4　设置提示面板及触发方式 ·· 256

8.5　设定视野亮度 ··· 260

8.6　用户穿戴安全装备 ·· 263

课后题 ··· 267

参考文献 ··· 269

第 1 章 交通工程基础设施智能建造概述

■ 1.1 从"交通大国"到"交通强国"的发展趋势与背景

改革开放以来，我国对交通工程基础设施进行了全方位的持续投资与建设，取得了一系列举世瞩目的成就，交通工程基础设施建设规模已跃居世界前列。据交通运输部统计，截至 2022 年底我国综合交通实体线网总里程超过 600 万公里，高速铁路、高速公路里程及港口万吨级泊位数位列世界第一。我国高速铁路对百万人口以上城市覆盖率超过 95%，高速公路对20 万人口以上城市覆盖率超过 98%，民用运输机场覆盖 92% 左右的地级市，86% 以上的县及 20 万人口以上的城市可在 1 小时内享受到高速公路、铁路、民航等服务。高铁"四纵四横"主骨架、国家高速公路"7918"主网络、内河"两横一纵两网十八线"体系、国内骨干油气管道网已基本成型。随着建设规模的提升，交通工程基础设施建造技术也飞速发展并达到国际先进水平，特大桥隧、离岸深水港、大型机场工程等一批超级工程震撼世界。

中国创造：大跨
径拱桥技术

交通工程基础设施建设水平的不断提高以及综合交通枢纽布局的逐渐完善有效缓解了国民经济发展的硬件瓶颈制约，支撑整个社会经济体系正常运转，并带动关联产业的空间布局和高速发展，促进区域间的经济协调发展。尽管取得了举世瞩目的建设成就，但目前我国交通工程基础设施建设中仍存在网络发展不平衡、不充分，陆域、岸线、空域等资源集约利用率不高，科技创新核心竞争力不强，智慧安全绿色发展水平亟待提升等一系列问题。为了有效应对我国交通工程基础设施建设中所面临的各类挑战，以习近平同志为核心的党中央立足国情、着眼全局、面向未来，做出建设交通强国的重大战略决策。在国家公布的"十四五"规划中，战略骨干通道、高铁、现代化机场等 8 大领域成为国家下一步基础建设的重点目标，再次强调了我国从"交通大国"向"交通强国"转变的明确方向。

为贯彻落实党中央、国务院决策部署，加快建设交通强国，推动交通工程基础设施建设，国家和交通运输行业已密集出台了若干文件：交通运输部于 2019 年 7 月发布的《数字交通发展规划纲要》以及 2020 年 8 月发布的《交通运输部关于推动交通运输领域新型基础设施建设的指导意见》均强调了要积极推动先进信息技术应用，逐步提升交通基础设施规划、设计、建造、养护、运行管理等全要素、全周期数字化水平；鼓励在项目全生命周期协同应用建筑信息模型（BIM）技术，促进产业基础能力提升；推进交通基础设施长期性能观测网建设，试点开展长期性能观测，加强基础设施运行状态监测和运行规律分析，支撑一流设施建设与维护。2021年1月《交通运输部关于服务构建新发展格局的指导意见》中提出要推进交通基础设施数字化建设和改造，积极发展智能铁路、智慧公路、智慧航道等，完善标准规范和配政策。2021年印发的《国家综合立体交通网规划纲要》首次用量化指标明确了计划于2035年实现交通基础设施数字化率达到90%的发展目标。随着大数据、人工智能、物联网等新兴信息技术的蓬勃发展，可以预测未来我国交通行业的发展方向将会紧密围绕交通工程基础设施智能建造数字化开展。

■ 1.2 交通工程基础设施智能建造概念及发展历程

1.2.1 智能建造概念与内涵

智能建造是指在传统土木工程建造过程中融合大数据、互联网、云计算、移动通信、人工智能、区块链等多种新兴技术手段以实现项目自动化、智慧化的工程活动。智能建造是工程立项、设计以及施工技术与管理的信息感知、传输、积累和系统化过程，是建立在高度的信息化、工业化和社会化基础上的一种信息融合、全面物联、协同运作、激励创新的工程建造模式。智能建造的概念体系由广义和狭义两种类型构成。

广义的智能建造是指在建筑产生的全过程，包括工程立项策划、设计、施工阶段，通过运用以BIM为代表的信息化技术开展的工程建设活动。在保证工程项目建设的质量与安全的前提下，依托科学技术的进步以及系统化的管理，实现建设方、设计方、施工方、使用方以及政府等多方协同，通过信息交互协同技术的应用实现高效建造的生产过程，进一步推动社会经济可持续发展和生态文明建设。

狭义的智能建造是指在设计和施工全过程中，立足于工程建设项目主体，运用信息技术实现工程建造的信息化和智慧化。狭义的智能建造着眼点在于工程项目的建造阶段，通过BIM、物联网等新兴信息技术的支撑，实现工程深化设计及优化、工厂化加工、精密测控、智能化安装、动态监测、信息化管理这六大典型应用，如图1-1所示。

工程深化设计及优化可以实现机电管线综合碰撞检测、钢结构深化设计、幕墙深化设计、精装排布优化等；工厂化加工可以实现混凝土预制构件、钢结构、幕墙龙骨及玻璃、机电管线等工厂化生产；精密测控可以实现施工现场精准定位、复杂形体放样、实景逆向工程等；智能化安装可以实现模架系统的爬升、钢结构的滑移及卸载等；动态监测可以实现施工期的变形监测、温度监测、应力监测、运维期健康监测等；信息化管理包括项目OA系统、企业ERP系统、云协同管理系统、物联网管理系统等。通过相关技术的不断发展应用，逐步从繁重的体力劳动和脑力劳动中把人解放出来，最终实现以人为本的目标。

1.2.2 交通工程基础设施智能建造模式发展历程

传统交通工程基础设施建造模式以现场作业为主，工程建造中设计、施工以及运营维护三个重要环节各自独立，工程建造各参与方缺乏协同运作和信息沟通，导致设计与施工脱节，容易造成资源浪费。设计单位在设计过程中对施工可行性和资源可供应性考虑得较少，导致出现资源供应短缺和设计变更的现象。受施工环境及工程进度安排等因素的影响，各施工界面容易发生冲突，存在较大的被动性和不确定性，并且缺乏应对不确定性的能力。随着大数据、人工智能、物联网等技术的不断成熟，传统交通工程基础设施建造模式在经历了数字化建造和信息化建造两大发展阶段之后逐渐向智能化建造方向靠拢。

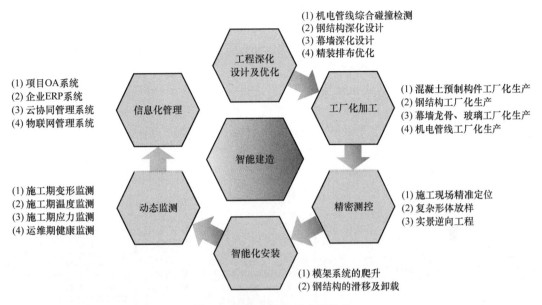

图 1-1 智能建造典型应用场景

数字化建造的思想由来已久，并随着机械化、工业化和信息技术的进步而不断发展。早在 1997 年，美国著名建筑师弗兰克·盖里在西班牙毕尔巴鄂古根海姆博物馆的设计过程中，通过在计算机上建立博物馆的三维建筑模型进行建筑构型，然后将三维模型数据输送到数控机床中加工成各种构件，最后运送到现场组装成建筑物，这一过程已具备数字化建造的基本雏形。在我国，大型建筑工程的数字化建造是随着以国家体育场、首都机场 T3 航站楼等为代表的奥运工程项目建设而兴起，并随着上海中心等大型工程的建造而不断实践、发展。

虽然经历了多项大型建筑工程的实践与应用，我国数字化建造技术取得了长足进步，但数字化建造本身仍存在一些问题与局限。首先，工程建造各参与方无法有效协同，数字技术在工程建造中各自为战，各应用之间的信息是割裂的，从而造成工程项目的底层数据不统一、大量重复建模、大量人工/设备/建材重复投入、信息数据大量浪费等问题；其次，工程项目建造中的视频监控数据、应力应变数据等难以融入 BIM 模型及平台，无法进一步挖掘；最后，工程项目建造中的人、材、物信息难以实现自动化，无法全面高效地融入信息化管理，无法发挥数字化建造技术的优势。

为了解决上述问题，实现参与各方信息协同共享，提升建设效率，我国在交通工程基础设施建设过程中强化了 BIM 技术在工程实践中的探索与应用，开启了信息化建造的序幕。在 2008 年昆明新机场工程中，针对机电设备安装工程特点定制开发了支持宏观、微观（精细）和系统示意图等多层次的 4D 施工模拟与动态管理，建立了我国首个基于 BIM 的运维管理系统，同时还建立了综合施工技术知识管理平台，强调了在工程建造中对信息的管理与应用。信息化建造则是数字化建造技术的改进与升级，一定程度上解决了数字化建造中的问题与局限，提升了施工效率和管理水平。一方面，信息化建造技术促进了建筑工程和建造过程的全面信息化以及基于信息的管理；另一方面，信息化建造技术强调建筑工程全生命期、各参与方之间的信息共享，并注重对于信息的积累、分析和挖掘。但总体来看，在信息技术与工程建造技术的融合、物理信息交互以及绿色化、工业化、信息化"三化"融合等方面仍需要进行深入研究与应用。

通过数字化建造和信息化建造的发展与积累，以北京大兴机场等工程建设为代表，我国交通工程基础设施建造逐渐进入智能建造阶段，即通过运用 BIM、云计算、物联网等信息化技术，研究工程信息建模、建筑性能分析、深化设计、工厂化加工、精密测量、结构监测、5D 施工管理、运维管理等集成化智慧应用，打造出基于 BIM 和物联网的建设平台，实现了交通工程基础设施全生命周期的智能建造。智能建造是交通工程基础设施建造的高级阶段，该阶段通过信息技术与建造技术的深度融合以及智能技术的不断更新应用，从项目的全生命周期角度考虑，实现基于大数据的项目管理和决策，以及无处不在的实时感知，最终达到工程建设项目工业化、信息化和绿色化的三化集成与融合，促进建筑产业模式的根本性变革。交通工程基础设施智能建造模式主要技术框架如图 1-2 所示。

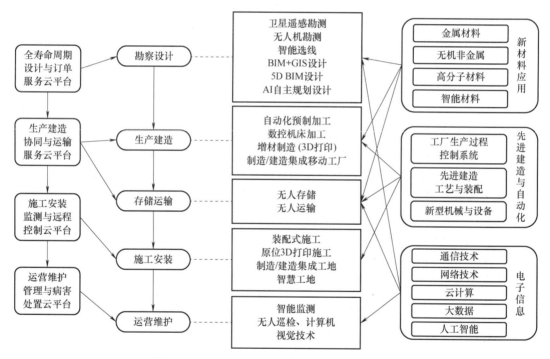

图 1-2　交通工程基础设施智能建造模式主要技术框架

■ 1.3　交通工程基础设施智能建造数字化技术

1.3.1　BIM 技术及作用

BIM 是 "Building Information Modeling" 的缩写，其概念首次于 1975 年由美国佐治亚理工大学的 Chuck Eastman 博士提出：工程项目在全生命周期内，具备将所有信息包括建筑的

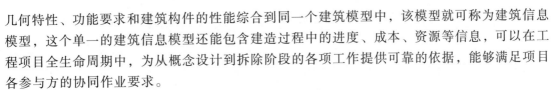

几何特性、功能要求和建筑构件的性能综合到同一个建筑模型中，该模型就可称为建筑信息模型，这个单一的建筑信息模型还能包含建造过程中的进度、成本、资源等信息，可以在工程项目全生命周期中，为从概念设计到拆除阶段的各项工作提供可靠的依据，能够满足项目各参与方的协同作业要求。

通过 BIM 技术实现数字信息化设计是交通工程基础设施智能建造化的基础。响应国家出台的包括"交通强国""数字交通""新基建"等一系列政策导向，BIM 技术近 10 年来在我国交通工程基础设施建设行业迅速推广应用，其发展目标的是"技术体系标准化、设计决策数字化、交通出行智慧化"，最终实现"单阶段向全生命周期转变、局部应用向全面应用转变、单机应用向平台应用转变"。

在设计阶段，依托 BIM 技术可将建筑、结构、机电等多专业的信息整合到一起，视觉上直观明了，多方沟通有了明确的依据，实现了多专业的高效协同。随着云端技术应用的成熟，更可实现一方修改、多方随时随地查看，这种颠覆性的工作模式，让设计行业生产水平大幅提升。对于公路、铁路、水利等交通工程基础设施建设工程，一次建模完成的构件可以快速复用到其他工程，从设计到施工，工作效率大幅提升。

在工程建造阶段，BIM 技术主要作用是交通工程基础设施模型的搭建。一般来说，交通工程基础设施模型主要分为两个部分：一是其自身的建筑模型，内容包含整体的建筑信息；二是对于该构造物所处的环境所建立的环境模型。对于构造物本身进行模型搭建是相对容易的，过去所使用的 CAD 图纸上已经包含了构筑物的全部信息，只需要将图纸导入相应的 BIM 软件中，对其进行三维建模，并进行信息的录入即可以构造出该交通工程基础设施本身的模型。如传统的桥梁设计流程中，只需要 CAD 图纸和相关构件用料的信息即可以在软件中将其模型搭建而出。在进行构造物本身的模型搭建之后，对于其周围环境的模型搭建也尤为重要。交通工程基础设施有别于一般的基础设施，其所在的位置并不是独立的，而是与周围的环境相互依存。以桥梁工程为例，其建造一方面是为了解决周围道路所无法实现的功能，另一方面也是为了减少对于周围环境的破坏。因此，在运用 BIM 技术的时候就必须要考虑周围的环境因素。环境模型的搭建是相对困难的，需要借助 GIS 空中遥感成像或激光/红外扫描技术进行辅助。

交通工程基础设施建成后在其漫长的服役周期内，其运营和维护都是重点工作。传统情况下往往因为缺乏相关资料而只能全凭借技术人员的经验进行判断，这是传统建造运营维护模式的局限。BIM 技术在维护阶段的应用不是独立的，而是与前期建造阶段的模型建设息息相关。在一个交通工程基础设施项目立项后，在建造阶段通过应用 BIM 的相关技术来完成其构造物本身的模型搭建以及周围环境的模型搭建。同时这个过程也是信息采集和储存的过程。该模型已经包含了项目的所有信息，管理者在进行后期维护的时候只需要调出当初建设该项目的模型即可查看相关的内容。例如，某山区桥梁由于建成年代久远，在其发生了小部分桥面板的损坏之后需要进行修复，因为传统建设模式没有在建造阶段预留该桥梁的模型及相关信息资料，也就无从推测其内部结构有无损伤，同时也无从得知其桥面板的用料来源等相关信息，自然也就出现对桥梁打补丁的状况，甚至还会遗漏可能存在的安全隐患。而如果在建造阶段进行了桥梁周围环境和结构物本身的模型搭建，那么当桥面板出现损坏的时候，只需要调阅出当初修建桥梁时候建造的 BIM 模型，即可以通过数值仿真进一步判断其内部结构是否发生了损伤，同时也可以在相关的信息列表中找到对应的桥面板原材料来源，这对于桥梁完整修复有着巨大的帮助。这就是 BIM 技术在交通工程基础设施维护阶段的重要价值。

1.3.2 Revit 简介

Revit 是专门为 BIM 技术而开发的设计软件，其核心是 Revit 参数化更改引擎。它可以自动协调任何位置（如模型视图或图纸、明细表、剖面、平面图）所做的更改，达到一处更改，处处更新的效果。Revit 是目前中国 BIM 市场占有率最高的 BIM 设计软件。Revit 内集成了众多功能，除了可以实现全专业任意构件的 BIM 建模，还具有分析、统计、出图等功能。例如：明细表可以自动提取各类构件的属性参数，自动创建统计表格以提取项目各部分的材料用量；分析模型功能可以集成结构构件的几何、材质和荷载等属性信息，进而用于力学上的分析。

Revit 高效的三维建模能力得益于其族文件的支持，Revit 族文件是一类建筑元素的集合。Revit 族文件分为三类，分别是系统族、可载入族和内建族。在日常的建模过程中，系统族和可载入族的使用频率较高，当这两类族无法满足用户的建模需要时，用户可以根据个性化需求，通过编辑对应的族样板文件来定制内建族，通过载入内建族和修改族参数的方式来达到快速建模的目的。系统族是被预设在软件中的族文件，并为所有项目提供服务，主要包括标高、轴网、标记等建模必需的族样板和墙、楼板、柱子等使用频率较高的族样板。

系统族文件允许被多次调用、复制、自定义参数等，但是目前尚不支持用户自行创建。可载入族主要包括常见的构件模型类，如一个柱子，可载入族提供了矩形柱，圆形柱等更细致的族样板。因为构件种类繁多，数量巨大，如果集成到软件中会造成软件的冗余和安装的不便，因此将可载入族封装到 Templates 文件夹中，供有需要的用户进行下载和安装。内建族支持用户根据个性化的项目需求来创建特殊的族文件。在项目中，内建族的使用与可载入族基本无异，可以修改相应参数快速生成构件，是对可载入族的补充和丰富，是满足用户个性化需求的重要工具。但是内建族仅在当前项目中可用，不可跨项目共享。

元素（element）在 Revit 中占据举足轻重的地位。在建模过程中使用的参照图元中的标高、轴网，模型元素中的梁、板、柱以及各类视图元素等都属于元素的派生类，为建模工作提供了便利。Revit 建模参数化主要包含两个方面：一是模型建模过程的参数化，建筑构件的形状和尺寸总是由有限个参数控制的，Revit 通过控制相应参数来实现建筑构件的快速建模；二是模型空间位置的参数化，比如模型会随着标高、轴网的移动而移动，墙体附着屋顶后，墙体的高度会随着屋顶高度的变化而变化等。

第 2 章　连续梁桥数字化模型

本章内容提要：

　　桥梁通常指架设于江河湖海之上，保障车辆行人等能顺利通行的构筑物。为适应现代高速发展的交通行业，桥梁也引申为跨越山涧、不良地质或满足其他交通需要而架设的使通行更加便捷的构筑物。桥梁通常包括上部结构与下部结构两部分：上部结构包括主梁、桥面系等，负责跨越江河、沟渠、道路等各类障碍性地形；下部结构包括桥墩、承台、基础等构件，用于支承上部结构。本章将以预应力混凝土连续梁桥作为教学案例，按上部结构、下部结构两部分详解桥梁工程 BIM 模型建立流程与技巧。其中，2.1 节介绍四跨混凝土连续梁桥工程概况与建模思路；2.2 节为本章重点章节，详解参数化驱动族、非参数化驱动族、嵌套族等建模技巧；2.3 节介绍模型拼装与调参方法；2.4 节介绍模型展示及输出方法；2.5 节以港珠澳大桥为例，简要介绍我国近年来在桥梁工程建设领域所取得的重大成就。

学习要点：

1. 了解桥梁结构主要构件。
2. 理解族、嵌套族、参数驱动等概念。
3. 掌握梁节段、桥面系、承台、桥墩等构件建模方法。
4. 熟悉嵌套、组件整合功能。

■ 2.1　工程概况与建模思路

2.1.1　工程概况

　　本章选取某四跨预应力混凝土连续梁桥为工程背景，详解桥梁结构的三维 BIM 模型建立流程及技巧。桥梁模型如图 2-1 所示，桥梁总长为 1.4km，主梁采用单箱单室变截面箱型梁，桥面宽 12m，最高点高程为 10m。桥梁两侧纵坡为 2%，因此建模时需要注意添加偏移参数。桥梁两侧桩深为 9m，中部桩深为 19m。

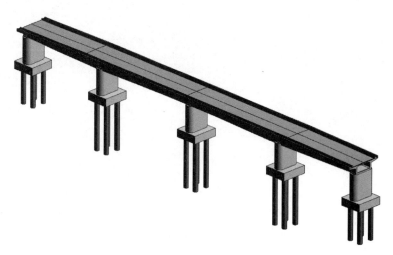

图 2-1　桥梁模型

2.1.2　项目建模思路

本章将变截面连续梁桥分为上部结构和下部结构分别进行建模。其中，上部结构分为梁节段、标准梁段以及桥面系。梁节段采用非参数化驱动族方法创建，标准梁段和桥面系采用参数化驱动族方法创建。下部结构分中，承台和桥墩使用嵌套族方法创建，桩为一般参数化族。各部分族库建模完成后，在结构样板中进行拼装调参，形成完整工程结构。本章桥梁结构整体建模思路如图 2-2 所示。

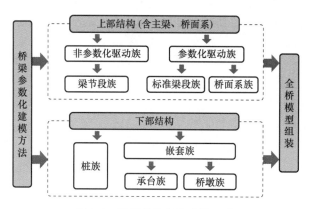

图 2-2　桥梁结构整体建模思路

■ 2.2　创建主要构件族库

2.2.1　上部结构

创建梁节段族

1. 创建梁节段族

本项目采用单箱单室变截面箱梁形式，其中桥墩附近箱梁截面尺寸与跨中处截面尺寸差别较大。本节将采用拉伸模型方法完成桥墩处梁节段族库创建。梁节段截面如图 2-3 所示。

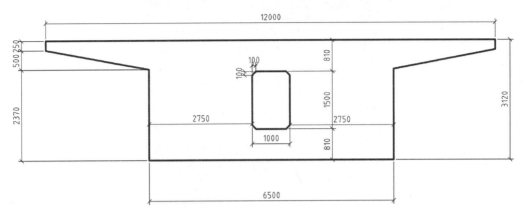

图 2-3 梁节段截面（单位：mm）

1）选择族样板。首先，打开 Revit，在【族】部分选择【新建】，打开 Revit 样板库，选择【公制结构框架-梁和支撑】作为样板文件，如图 2-4 所示。

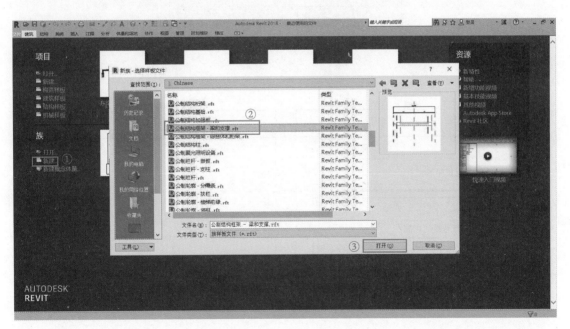

图 2-4 选择族样板（梁节段）

2）设置单位。在【管理】工具栏，打开【项目单位】选项，将长度单位设置为 mm，保证后期各部分拼装时单位统一，如图 2-5 所示。

3）修改样板。如图 2-6a 所示，模板中一共有七条虚线，最左侧的代表左侧参照平面，第二条代表构件的左侧，第三条代表符号线的左侧，中间虚线代表中心参照平面；同样，右侧三条线分别代表右侧参照平面、构件的右侧和符号线的右侧。创建族时，左侧参照平面为梁的起点，右侧参照平面为梁的终点。删除原始构件，只保留参照平面，如图 2-6b 所示。

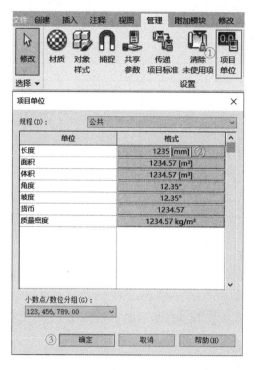

图 2-5　设置单位（梁节段）

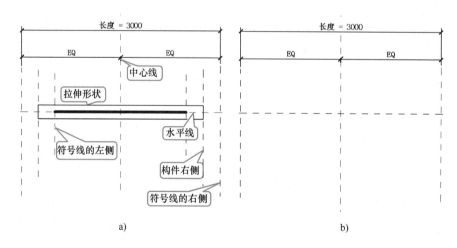

图 2-6　修改样板（梁节段）

a）修改前　b）修改后

4）新建工作平面。如图 2-7 所示，在工具栏中的【工作平面】选项卡中，单击【设置】，为模型指定新的工作平面，选择【参照平面：左】为新的工作平面，将视图转到【立面：左】。

5）绘制参照线。如图 2-8a 所示，在【创建】工具栏的【基准】选项卡，单击【参照平面】，根据图纸绘出参照线，并对参照线的尺寸进行标注，如图 2-8b 所示。

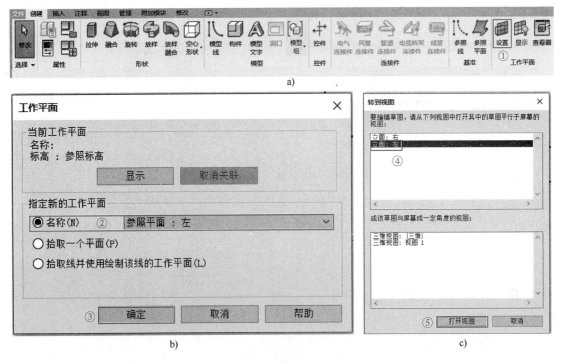

图 2-7 新建工作平面（梁节段）

a）【创建】工具栏→【工作平面】选项卡→【设置】 b）设置工作平面 c）【转到视图】对话框

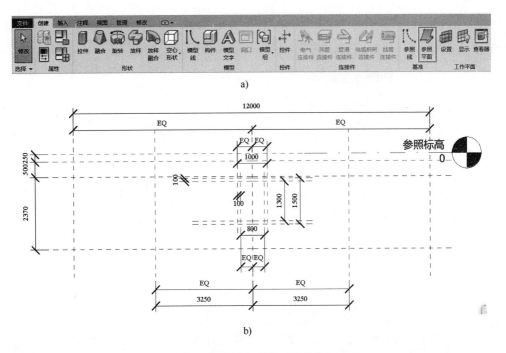

图 2-8 绘制参照线（梁节段）

a）【创建】工具栏→【基准】选项卡→【参照平面】 b）梁节段外轮廓参照线

6）创建拉伸形状。如图 2-9a 所示，在【创建】工具栏中选择【拉伸】工具创建梁节段模型；如图 2-9b 所示，根据上一步创建的参照线，使用【线】工具绘制截面的轮廓。完成后效果如图 2-9c 所示，单击【✔】完成拉伸形状的创建。

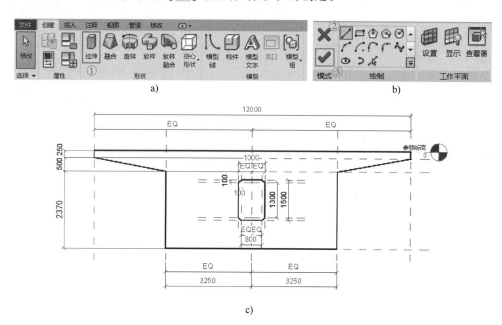

图 2-9　创建拉伸形状（梁节段）

a）【创建】工具栏→【拉伸】　b）【修改｜编辑　拉伸】工具栏→【线】　c）梁节段外轮廓拉伸形状

7）锁定梁长度。在【项目浏览器-族 1】中将视图切换到【参照标高】，选择【对齐】工具将画好的梁段的两侧与中心线两侧的参照平面对齐锁定，如图 2-10 所示。

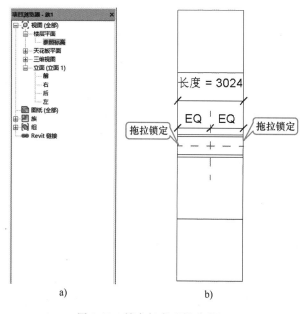

图 2-10　锁定长度（梁节段）

a）切换视图　b）对齐

8）设置材质。选中建好的模型，在【属性】面板中对【材质和装饰】进行参数关联。打开【关联族参数】对话框，单击【新建参数】，参数命名为【梁节段材质】，参数属性为【类型】，创建好后单击【确定】按钮，这样就将材质进行参数化关联。操作过程如图 2-11 所示。

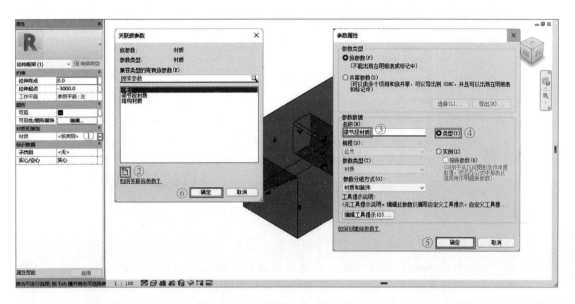

图 2-11 设置材质（梁节段）

2. 创建标准梁段参数化族

图 2-12 所示为变截面箱梁标准梁段的截面。本节将采用参数化建模方法创建标准梁段族库模型，并介绍尺寸、材质以及偏移参数的创建方法。

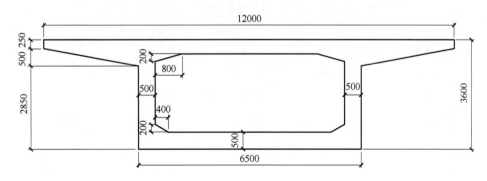

图 2-12 标准梁段的截面图

1）选择轮廓样板。打开 Revit，在【族】部分选择【新建】，打开 Revit 样板库，如图 2-13 所示，选择【公制轮廓】作为样板文件。

2）设置单位。选择【管理】工具栏，打开【项目单位】选项，将长度单位设置为 mm，保证后期各部分拼装时单位统一。

3）绘制参照线。选择【参照平面】工具，绘出外轮廓参照线。

图 2-13　族样板库（标准梁段）

4）标注尺寸。如图 2-14 所示，在【修改】工具栏【测量】选项卡中选择【对齐尺寸标注】工具，对外轮廓的上底板宽度、下底板宽度和梁高进行标注，如图 2-15 所示。（注意：由于整个轮廓线关于中心线对称，需要保证左右等分。对关于中心对称的两条参照线添加额外的尺寸标注：选中需标注的参照线，单击其上的【EQ】将其左右均分等长。）

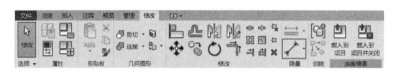

图 2-14　【修改】工具栏→【测量】选项卡→【对齐尺寸标注】

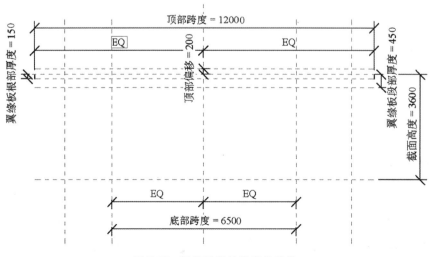

图 2-15　标准梁段外轮廓参照线

5）尺寸标注参数化。选择修改好的尺寸线，对其进行参数化设定。选中绘制好的尺寸标注，如图 2-16a 所示，在工具栏【标签尺寸标注】选项卡中选择【创建参数】工具添加参数；如图 2-16b 所示，选择顶板的尺寸线，将其参数名称设置为【底部跨度】。同样，分别设置顶部跨度、翼缘板根部厚度、翼缘板段部厚度、截面高度等外轮廓参数，如图 2-16c 所示。

图 2-16　尺寸标注参数化（标准梁段）
a）创建参数　b）【参数属性】对话框　c）【族类型】对话框

6）绘制外轮廓。根据施工图，在【创建】工具栏中选择【线】工具（图 2-17a），绘制外轮廓线。单击【对齐】工具（图 2-17b），先选择参照平面，再选择轮廓线，将轮廓线进行锁定（对于不与参照平面平行的斜线部分，先单击锁定段部交点处的两条参照平面，再选择斜线的端点，然后分别进行锁定）。外轮廓绘制完毕，如图 2-17c 所示，保存为【箱型截面轮廓-外轮廓】。

7）选择及修改标准梁段族样板。新建【族】文件，打开族样板库，选择【公制结构框架-梁和支撑】作为样板文件，参照梁节段族样板修改方法，删去样板中多余参照线。

8）设置单位。选择【管理】工具栏，打开【项目单位】选项，将长度单位设置为 mm，保证后期各部分拼装时单位统一。

9）绘制放样路径。采用放样融合方法对箱梁族进行建模。如图 2-18a 所示，在【创建】工具栏中，单击【放样融合】工具；如图 2-18b 所示，在工具栏中的【放样融合】模块里，单击【绘制路径】，对放样的路径进行绘制。将光标移动至左侧端点处，并设置起点，拖动光标至右侧端点，单击设置终点，如图 2-18c 所示，将路径线和参照平面锁定。

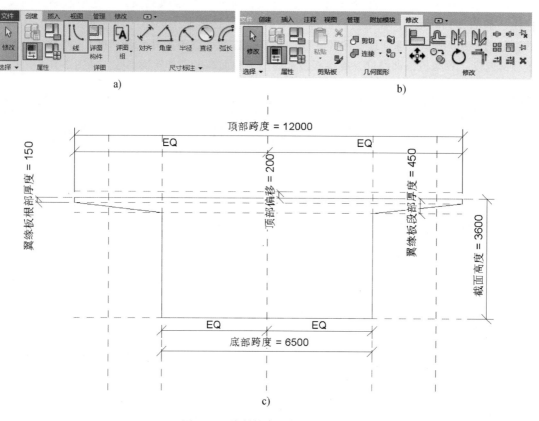

图 2-17　绘制轮廓（标准梁段）

a)【创建】工具栏→【线】　b)【修改】工具栏→【对齐】　c）标准梁段外轮廓形状

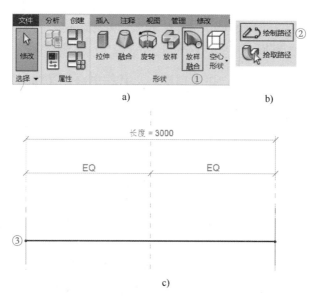

图 2-18　绘制放样路径（标准梁段）

a)【创建】工具栏→【放样融合】　b)【修改|放样融合】工具栏→【绘制路径】　c）路径锁定

10）载入轮廓族。如图 2-19a、b 所示，在【插入】工具栏中，单击【载入族】，将绘制好的【箱型截面轮廓-外轮廓】和【箱型截面轮廓-内轮廓】族载入到项目中。

a)

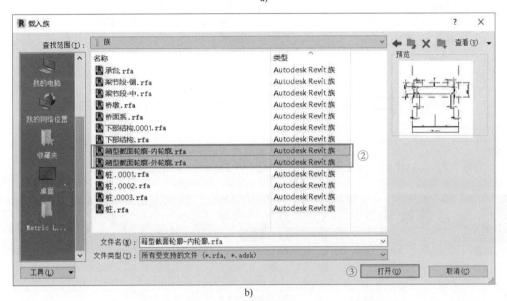

b)

图 2-19 载入轮廓族（标准梁段）

a)【插入】工具栏→【载入族】 b）载入族

11）重命名轮廓族。因放样融合两端都需要绘制轮廓，所以需要将轮廓族进行复制。如图 2-20a 所示，在【项目浏览器】双击【箱型截面轮廓-外轮廓】，单击【重命名】按钮，将【外轮廓截面】重命名为【外轮廓截面-1】；如图 2-20b 所示，单击【复制】按钮，将外轮廓名称命名为【外轮廓截面-2】。内轮廓族进行同样的操作。

12）创建参数。如图 2-21a、b 所示，在工具栏中的【属性】选项卡上打开【族类型】选项，单击【新建参数】。如图 2-21c 所示，【参数类型】选择【族参数】，【参数数据】的属性选择【类型】，按模型需要和要求，创建相关参数。

13）关联族参数。打开【项目浏览器】，选中之前导入的轮廓族，打开【类型属性】对话框，将【尺寸标注】参数与上一步中做好的族参数进行关联，如图 2-22 所示，单击每个尺寸标注【=】选项，将其与相对应的参数关联起来。

14）选择轮廓，完成放样。如图 2-23a 所示，将工具栏切换到【修改|放样融合】选项卡，选择轮廓进行放样融合。首先单击【选择轮廓 1】，在轮廓选项中选择【外轮廓截面-1】；同样地，单击【选择轮廓 2】，在轮廓选项中选择【外轮廓截面-2】。完成后如图 2-23b 所示。

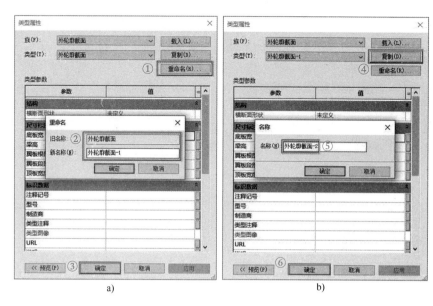

图 2-20　重命名轮廓族（标准梁段）

a)【类型属性】对话框→【重命名】　b)【类型属性】对话框→【复制】

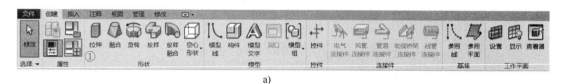

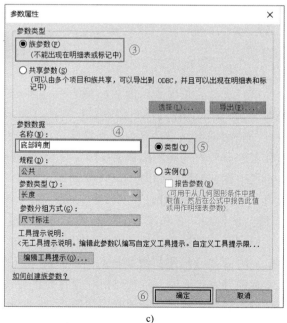

图 2-21　创建参数（标准梁段）

a)【创建】工具栏→【族类型】　b)【族类型】对话框→【新建参数】　c）新建参数

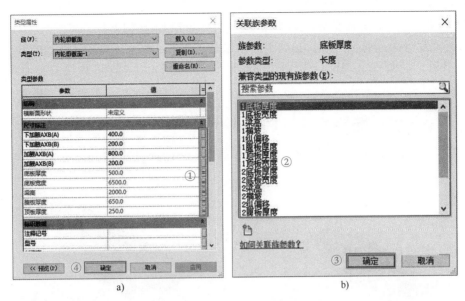

图 2-22　关联族参数（标准梁段）

a)【类型属性】对话框　b)【关联族参数】对话框

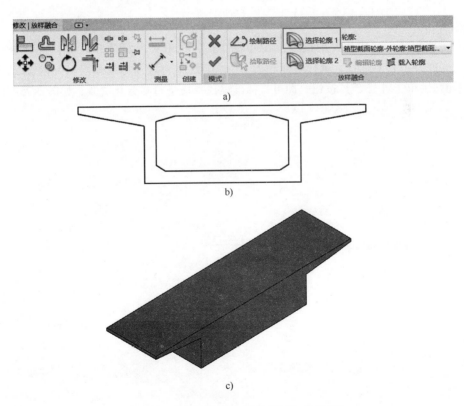

图 2-23　选择轮廓及完成放样（标准梁段）

a)【修改 | 放样融合】　b）绘制轮廓　c）标准梁段三维视图

15）箱室成形。将空心部分画好之后，从图 2-23c 三维视图中可以发现，空心部分并未从整体中挖空出来，因此需要对模型进行【剪切】以得到最终的形状。如图 2-24a 所示，在【修改】工具栏中的【几何图形】选项卡上单击【剪切】，先选定内部空心形状部分，再选择外部实体部分，如图 2-24b、c 所示，通过软件自带布尔运算即可将梁的空心部分剪切出来。

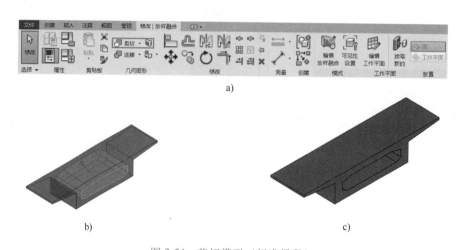

图 2-24　剪切模型（标准梁段）

a)【修改│放样融合】工具栏→【剪切】　b）内部空心　c）外部实体

16）关联材质。选中建好的模型，在【属性】面板中对【材质和装饰】进行参数关联。打开【关联族参数】对话框，选择【新建参数】，参数命名为【标准梁段】，参数属性为【类型】，创建好后单击【确定】按钮，即可将标准梁段材质进行参数化关联，如图 2-25 所示。

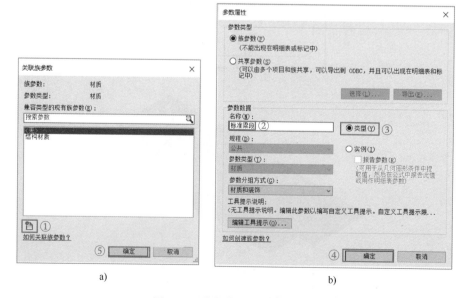

图 2-25　关联材质（标准梁段）

a)【关联族参数】对话框　b）【参数属性】对话框

3. 创建桥面系族

桥面系截面如图 2-26 所示，其由桥面基层、面层、路沿石以及行人道面板组成，除基本建模方法外，本书将会重点介绍族中不同部件联合参数驱动的设置方法。

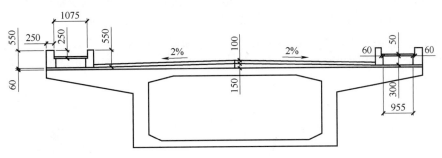

图 2-26　桥面系截面图

1）选择及修改族样板。新建【族】文件，打开族样板库，选择【公制结构框架-梁和支撑】作为样板文件，参照梁节段族样板修改方法，修改样板删去多余参照线。

2）设置单位。选择【管理】工具栏，打开【项目单位】选项，将长度单位设置为 mm，保证后期各部分拼装时单位统一。

3）新建工作平面。在工具栏中的【工作平面】选项卡中，单击【设置】，为模型指定新的工作平面。如图 2-27a 所示，选择【参照平面：中心（左/右）】为新的工作平面；如图 2-27b 所示，将视图转到【立面：左】。

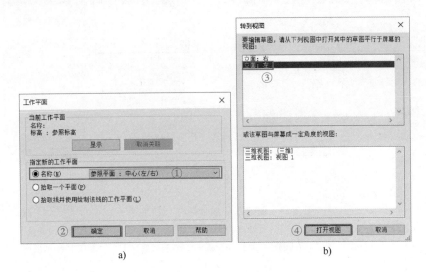

图 2-27　新建工作平面（桥面系）

a)【工作平面】对话框　b)【转到视图】对话框

4）绘制参照线。如图 2-28 所示，使用【参照平面】根据图纸绘制参照线，并对参照线的尺寸进行标注。

5）创建基层融合形状。如图 2-29a 所示，在【创建】工具栏中选择【融合】工具创建模型。首先选择【线】工具，根据上一步创建的参照线，绘制桥面一侧的截面轮廓。由于坡度的存在，需要对两侧截面添加偏移，先对底部添加偏移；如图 2-29b 所示，单击【对齐尺寸标注】，标注【参照平面】与轮廓线顶部的间距，选中标注好的尺寸，如图 2-29c、d 所示，单击【创建参数】，将其命名为【基层偏移 1】；同时，为了保证截面不会因为偏移而发生变形，需要将其锁定，单击【对齐尺寸标注】，将截面的高度数据标注并锁定。底部编辑完成后，单击【编辑顶部】绘制另一侧的形状。由于两侧形状相同，可以使用【拾取线】工具快速将其绘制出来。同样，也需要对这一侧添加偏移参数，将其命名为【基层偏移 2】，如图 2-29e 所示。对轮廓进行尺寸标注锁定，保证改变参数时不会发生变形。完成后的效果如图 2-30 所示。

图 2-28　桥面系参照线

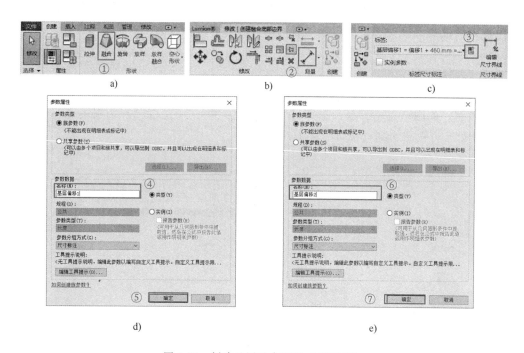

图 2-29　创建基层融合形状（桥面系）

a)【创建】工具栏→【融合】　b)【修改|创建融合底部边界】工具栏→【对齐尺寸标注】

c)【标签尺寸标注】选项卡→【创建参数】　d）新建参数-基层偏移 1　e）新建参数-基层偏移 2

　　6）创建左侧路沿石、人行道面板及面层。在【创建】工具栏中选择【融合】工具创建模型，使用【线】工具根据参照线位置绘制外侧路沿石轮廓，选择【对齐尺寸标注】工具将截面轮廓尺寸标注锁定，保证其改变偏移参数时不会发生变形，标出轮廓底部至【参照平面】的间距，添加设计参数，将其命名为【偏移 1】，完成左侧路沿石的创建，如图 2-31所示。同样地对路沿石另一侧进行创建，添加偏移参数【偏移 2】。人行道面板和铺装层与路沿石的创建方法一样。

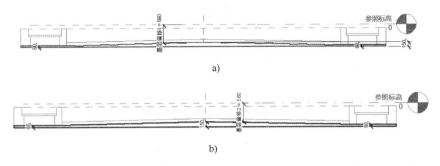

a)

b)

图 2-30　添加偏移参数（桥面系）

a) 基层偏移 1　　b) 基层偏移 2

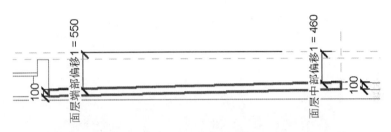

图 2-31　面层创建

7）参数公式计算。分析图纸发现，不同部分的偏移值可以通过相互计算得出，以路沿石偏移为基准，使用公式将参数值之间关联起来。在【创建】工具栏中的【属性】面板打开【族类型】，在【人行道面板偏移 1】后面的【公式】栏中输入【偏移 1+200mm】，勾选【锁定】，如图 2-32 所示，此时两个参数已经关联起来，只需要改变【偏移 1】的值，【人行道面板偏移 1】就会自动计算出来。同样将【人行道面板偏移 2】和【偏移 2】锁定关联起来，并将路面系的其他部分也按照人行道面板的关联方式关联起来。

图 2-32　关联计算公式（桥面系）

8）设置材质。选中建好的模型，在【属性】面板中对【材质和装饰】进行参数关联。如图 2-33 所示，桥面系相较于梁节段和标准梁段，由不同材质组合而成，因此需要对各部分单独设置。

图 2-33　设置材质（桥面系）

2.2.2　下部结构

本节将以桥梁下部结构为例，主要介绍如何采用嵌套族方法将数个单独的族组装成一个族，其目的是为了在后期模型组装的过程中减少拼装步骤，节省工作量。

1. 创建承台

承台位于桥墩下部，连接桩与上部桥墩。本项目中，承台为 8500mm×7500mm×2500mm 的立方体，采用基本的拉伸方式创建，其尺寸如图 2-34 所示。

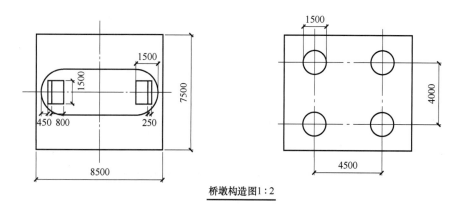

桥墩构造图 1:2

图 2-34　承台图

1）选择族样板。打开 Revit，在【族】部分选择【新建】，打开族样板库，如图 2-35 所示，选择【公制结构基础】作为样板文件。

图 2-35 选择族样板文件（承台）

2）设置单位。选择【管理】工具栏，打开【项目单位】选项，将长度单位设置为mm，保证后期各部分拼装时单位统一。

3）绘制参照线并均分尺寸。根据图纸，承台为标准立方体，所建模型需要关于【参照标高】平面的水平线和中心线对称。首先将在水平线和中心线两侧的参照线绘出，选择【尺寸标注】工具标注出两侧参照线与中心线的距离，单击【均分】选项，将两侧参照线均分并锁定。

4）创建拉伸形状。在【创建】工具栏中选择【拉伸】工具，根据参照线，将桥梁承台的轮廓线绘制出来。在标高平面对承台长宽进行尺寸的标注，如图 2-36a 所示，添加参数关联；将视图切换到前立面，如图 2-36b 所示，对承台的厚度进行尺寸标注并添加参数关联。

5）设置材质。选中建好的模型，在【属性】面板中对【材质和装饰】进行参数关联。打开【关联族参数】对话框，单击【新建参数】，参数命名为【承台材质】，参数属性为【类型】创建好后单击【确定】，完成材质参数化关联工作，如图 2-37 所示。

2. 创建桥墩和桩

桥墩结构由墩柱和桥托两部分构成。其中，墩柱截面由半径 1500mm 的半圆和 4900mm×3000mm 的矩形组成；桥托由长×宽×高为 1500mm×250mm×400mm 和 1500mm×800mm×100mm 的立方体组成。桥墩的尺寸如图 2-38 所示，本节采用拉伸模型的方法对其进行创建。

1）选择族样板。打开 Revit，新建【族】文件。如图 2-39 所示，打开族样板库，选择【公制结构柱】作为样板文件。

2）设置单位。选择【管理】工具栏，打开【项目单位】选项，将长度单位设置为mm，保证后期各部分拼装时单位统一。

3）修改样板。根据图纸所示，将样板中原有的标注及参数删去，并添加定位参照线，如图 2-40 所示。

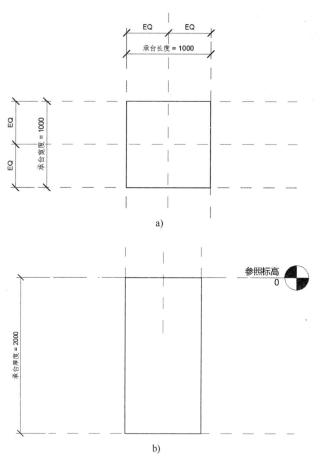

图 2-36 创建拉伸形状（承台）

a）标高视图 b）前立面视图

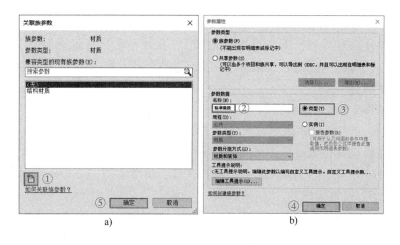

图 2-37 关联材质（承台）

a）【关联族参数】对话框 b）【参数属性】对话框

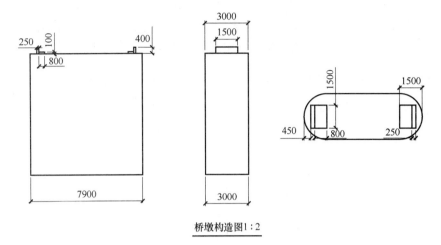

桥墩构造图1:2

图 2-38　桥墩图

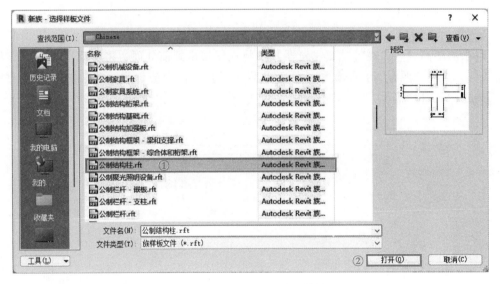

图 2-39　选择族样板文件（桥墩）

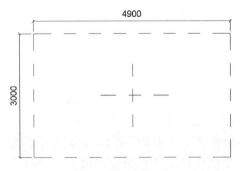

图 2-40　桥墩参照线

4）创建拉伸形状。在【创建】工具栏中选择【拉伸】工具，根据上一步中所画的参照平面，使用【线】工具将矩形绘制出来；然后使用【起点-终点-半径弧】将两个半圆绘制出来，绘制完成后将之前做的参照线删去，如图 2-41 所示。

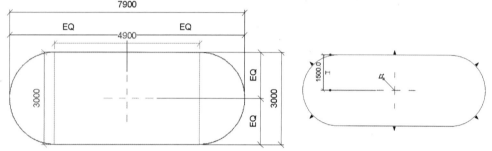

图 2-41　创建拉伸桥墩形状

5）添加墩高参数。在【项目浏览器】中将视图切换到前立面，将桥墩墩身的顶部和底部分别与【高于参照标高】平面和【低于参照标高】平面对齐锁定，并添加【对齐尺寸标注】，新建参数【墩高】，如图 2-42 所示。

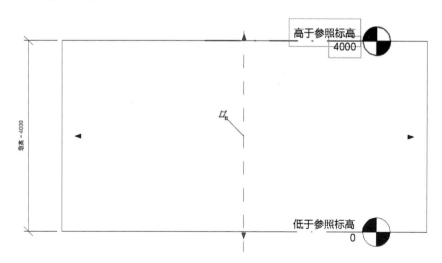

图 2-42　桥墩前立面视图

6）设置工作平面。将窗口切换到三维视图，如图 2-43a 所示，通过【创建】工具栏打开【工作平面】对话框，选择【拾取一个平面】作为新的参照平面，这里拾取桥墩的顶面作为参照平面，选择【显示】工作平面，如图 2-43b 所示。

7）创建桥托。将视图切换到【天花板平面】，根据图纸使用【参照平面】工具绘制参照线如图 2-44 所示，选择【拉伸】工具将桥托的两个部分分别绘出；如图 2-45 所示，在【属性】面板中设置【拉伸终点】，分别将其设置为 100mm 和 400mm。

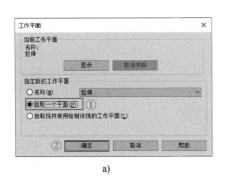

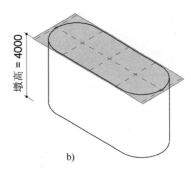

图 2-43　设置工作平面（桥墩）

a）拾取工作平面　b）显示工作平面

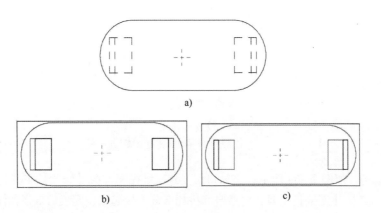

图 2-44　创建桥托

a）桥托参照线　b）桥托拉伸-1　c）桥托拉伸-2

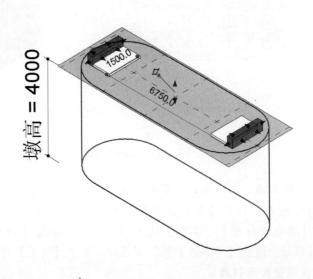

图 2-45　设置桥托尺寸

a）修改桥托拉伸终点-1

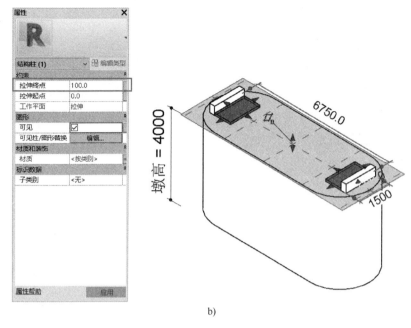

b)

图 2-45　设置桥托尺寸（续）

b）修改桥托拉伸终点-2

8）连接结构。如图 2-46a 所示，将窗口切换到三维视图，在【修改】工具栏中的【几何图形】选项卡上，选择【连接】工具，将墩身和桥托部分连接起来，完成后效果如图 2-46b 所示。

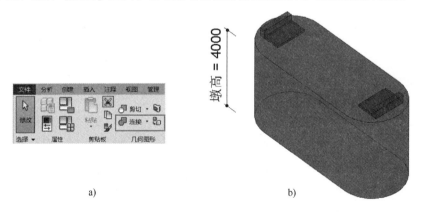

a)　　　　　　　　　　　　　　　　　　　b)

图 2-46　连接结构（桥墩）

a）【修改】工具栏→【连接】　b）模型连接（桥墩）

9）关联材质。选中建好的模型，在【属性】面板中对【材质和装饰】进行参数关联。如图 2-47a 所示，打开【关联族参数】对话框，选择【新建参数】，参数命名为【桥墩材质】和【梁垫板材质】，参数属性为【类型】，单击【确定】按钮完成族参数设置，如图 2-47b 所示。返回【关联族参数】对话框，单击【确定】按钮完成【材质】的参数化关联。

3. 创建嵌套族拼装

在 Revit 里面可以将两个单独的族组合在一起，形成一个嵌套族，这样在后期模型组装时，直接将模型组导入项目中，节省组装时间。

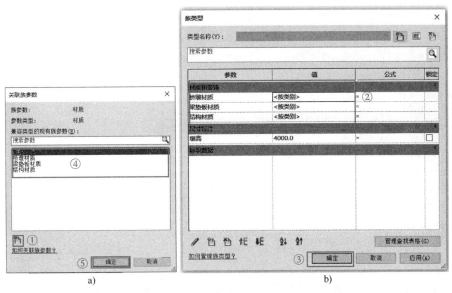

图 2-47　关联材质（桥墩）

a)【关联族参数】对话框　b)【族类型】对话框

1）修改族属性。在进行嵌套族创建之前，需要将之前建好的族中的一些参数属性修改成可以共享属性。如图 2-48 所示，打开之前做好的桥墩族和承台族，在承台族的【属性】面板中的【其他】选项中，将【总是垂直】选项取消勾选，勾选【基于工作平面】和【共享】选项。打开属性中【族类型】选项，将之前做好参数的属性类型由【类型】改为【实例】。同样，桥墩族也需要相应的修改。完成修改后保存退出。

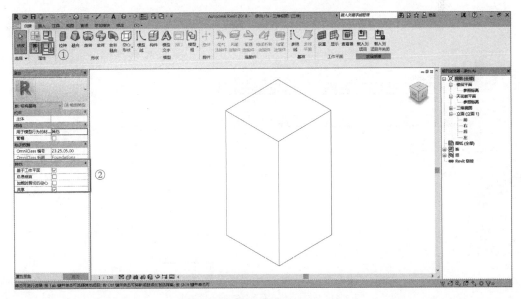

图 2-48　修改族属性

2）新建嵌套族。如图 2-49 所示，在【文件】工具栏中选择【新建】→【族】，族样板选择【公制常规模型】。

图 2-49 选择嵌套族样板文件（承台和桥墩）

3）载入族。如图 2-50 和图 2-51 所示，在【插入】工具栏中选择【载入族】，将【承台】族和【桥墩】族载入到嵌套族项目中，可以在【项目浏览器-下部结构】中查看载入的族。

图 2-50 【插入】工具栏→【载入族】

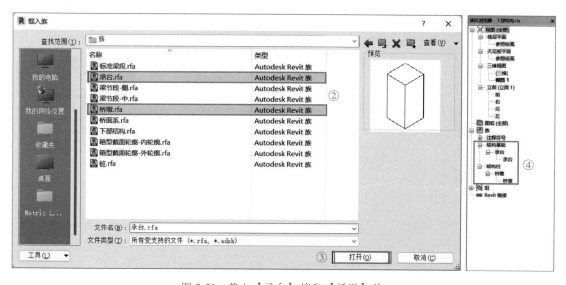

图 2-51 载入【承台】族和【桥墩】族

4）放置构件。在参照平面视图中放置承台族，左键选择承台拖动至工作窗口，如图 2-52a所示，在工具栏中选择【放置在工作平面上】，将承台族放置到工作视图中。同样的将桥墩

族也放置到工作窗口中，选择【垂直柱】作为放置方式，如图 2-52b 所示。图 2-53 所示为
承台和桥墩的放置效果。

图 2-52　放置构件（承台和桥墩）

a）放置承台　b）放置桥墩

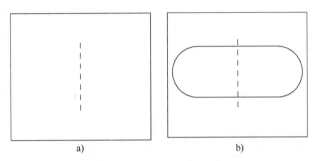

图 2-53　放置效果（承台和桥墩）

a）桥墩　b）承台

5）关联参数。原桥墩族和承台族中的参数需要在嵌套族中进行关联才可以在后续项目
中进行参数驱动。图 2-54a 所示，在工作窗口中选中载入好的承台族模型，在【属性】面板
中可以看到我们之前设置的相关模型参数，以【承台材质】关联为例，如图 2-54b、c 所示，
选择【关联族参数】，新建嵌套族材质参数，将命名为【承台材质】。同样，对承台族的其
他参数和桥墩组的参数进行关联锁定。

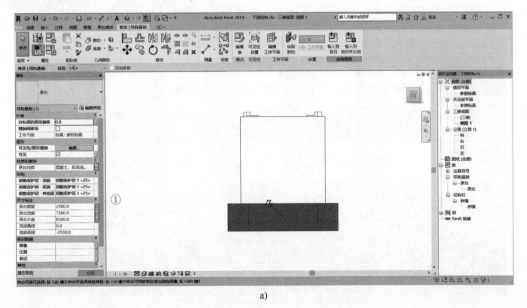

a）

图 2-54　嵌套族参数关联（承台材质）

a）模型参数

图 2-54　嵌套族参数关联（承台材质）（续）

b）新建参数　c）参数列表

6）命名、保存。完成后将其保存，将其命名为"下部结构"。

2.3　模型组件整合

模型组件整合

当需要的模型族库分别创建完成之后，即可新建项目文件对整体桥梁模型进行组装调参。

1）新建项目。打开 Revit，如图 2-55 所示，新建项目，选择【结构样板】。

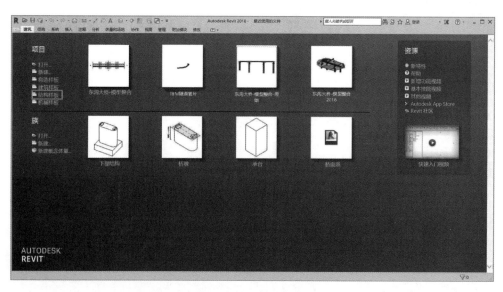

图 2-55　新建结构项目样板（桥梁模型）

2）添加修改标高。在【项目浏览器】中将视图切换到前立面，选择标高工具，根据图纸添加结构标高，并对标高【重命名】，如图 2-56 所示。

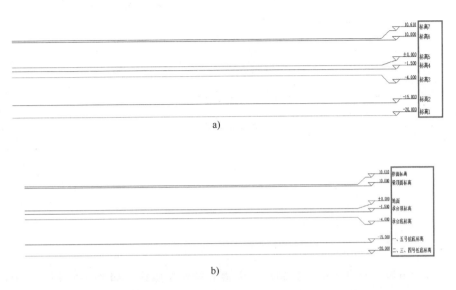

图 2-56　添加修改标高（桥梁模型）

a）原始标高　b）重命名标高

3）添加结构视图。如图 2-57 所示，在【视图】工具栏中的【创建】选项卡里选择【平面视图】，在打开的【新建结构平面】对话框中选择【结构平面】。将创建好的标高全部选中，完成后在【项目浏览器-桥梁建模】中可以看到新建的结构平面视图。

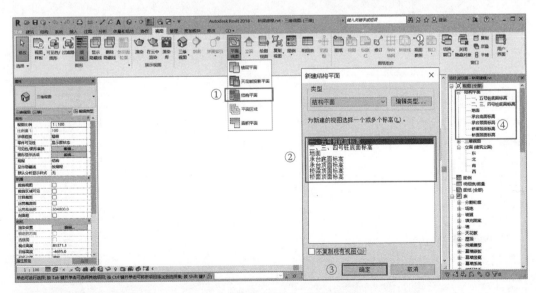

图 2-57　添加结构视图（桥梁模型）

4）载入族。在【插入】工具栏中单击【载入族】，将之前做好的族导入到项目中，如

图 2-58 所示，可以在【项目浏览器-桥梁建模】中查看载入的族。

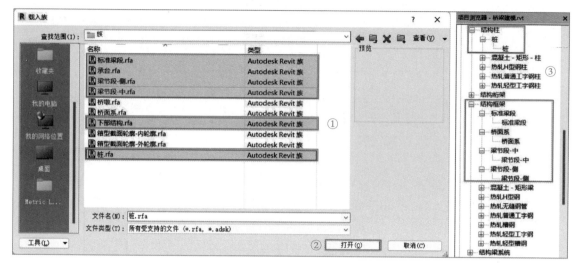

图 2-58　载入族（桥梁模型）

5）组装梁节段。根据图纸，绘制出三个梁节段的参照线。如图 2-59 所示，在【结构】工具栏中选择【梁】工具，在【属性】面板中选择【梁节段】，分别将两侧和中间部分的梁节段由左至右绘制出，如图 2-60 中箭头所示。

图 2-59　【结构】工具栏→【梁】

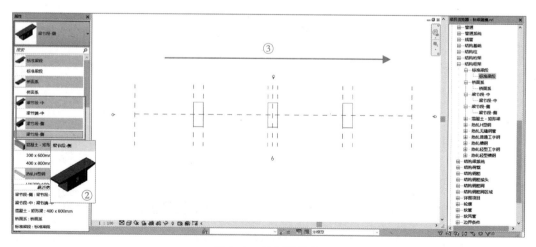

图 2-60　绘制梁节段

6）创建标准梁段子族。根据图纸绘制出各标准梁段的参照线，在【结构】工具栏中选择【梁】工具，在【属性】面板中选择【标准梁段】。由于标准梁段为变截面，每段需要分别进行调参，所以需要创建多个子族。如图2-61所示，单击【编辑类型】，打开【类型属性】对话框，单击【复制】，将其命名为【标准梁段-×】，共创建12段梁（×可为1~12），创建完成后，可在【项目浏览器-桥梁建模】中查看。

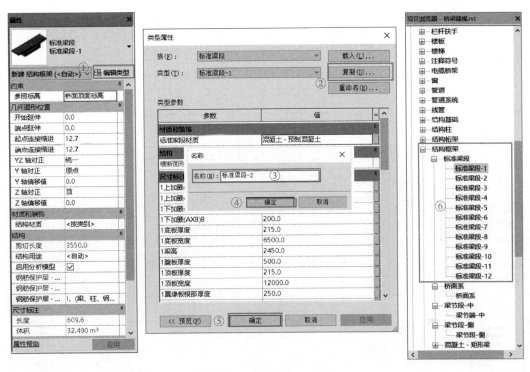

图2-61　创建标准梁段子族

7）组装标准梁段及调整参数。根据标准梁段的标号，由左至右分别在视图窗口中进行创建，如图2-62中箭头所示。绘制完成后，根据图纸分别对各标准梁段的两个截面进行尺寸及偏移的参数调整，由于桥梁为对称结构，下面列出标准梁段1~6的各截面参数，见表2-1~表2-6。完成后将定位参照线删去，图2-63为创建完成后变截面箱梁结构主视图。

表2-1　标准梁段-1截面参数　　　　　　　　（单位：mm）

尺寸标注名称	值	尺寸标注名称	值
1 底板厚度	215	2 底板厚度	665
1 底板宽度	6500	2 底板宽度	6500
1 梁高	2450	2 梁高	3550
1 上加腋（A×B）A	800	2 上加腋（A×B）A	800
1 上加腋（A×B）B	200	2 上加腋（A×B）B	200
1 下加腋（A×B）A	400	2 下加腋（A×B）A	400

（续）

尺寸标注名称	值	尺寸标注名称	值
1 下加腋（AXB）B	200	2 下加腋（AXB）B	200
1 腹板厚度	500	2 腹板厚度	500
1 顶板厚度	215	2 顶板厚度	665
1 顶板宽度	12000	2 顶板宽度	12000
1 翼缘板根部厚度	250	2 翼缘板根部厚度	250
1 翼缘板端部厚度	750	2 翼缘板端部厚度	750
1 顶部偏移	550	2 顶部偏移	0.0

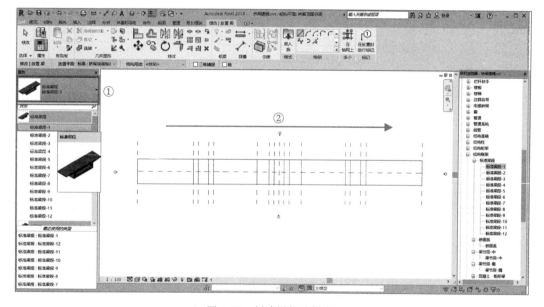

图 2-62　创建梁标准梁段

表 2-2　标准梁段-2 截面参数 （单位：mm）

尺寸标注名称	值	尺寸标注名称	值
1 底板厚度	665	2 底板厚度	1050
1 底板宽度	6500	2 底板宽度	6500
1 梁高	3550	2 梁高	3600
1 上加腋（AXB）A	800	2 上加腋（AXB）A	100
1 上加腋（AXB）B	200	2 上加腋（AXB）B	100
1 下加腋（AXB）A	400	2 下加腋（AXB）A	100
1 下加腋（AXB）B	200	2 下加腋（AXB）B	100

（续）

尺寸标注名称	值	尺寸标注名称	值
1 腹板厚度	500	2 腹板厚度	2750
1 顶板厚度	665	2 顶板厚度	1050
1 顶板宽度	12000	2 顶板宽度	12000
1 翼缘板根部厚度	250	2 翼缘板根部厚度	250
1 翼缘板端部厚度	750	2 翼缘板端部厚度	750
1 顶部偏移	0.0	2 顶部偏移	0.0

表 2-3　标准梁段-3 截面参数　　　　　　　　（单位：mm）

尺寸标注名称	值	尺寸标注名称	值
1 底板厚度	1050	2 底板厚度	665
1 底板宽度	6500	2 底板宽度	6500
1 梁高	3600	2 梁高	3550
1 上加腋（AXB）A	100	2 上加腋（AXB）A	800
1 上加腋（AXB）B	100	2 上加腋（AXB）B	200
1 下加腋（AXB）A	100	2 下加腋（AXB）A	400
1 下加腋（AXB）B	100	2 下加腋（AXB）B	200
1 腹板厚度	2750	2 腹板厚度	500
1 顶板厚度	1050	2 顶板厚度	665
1 顶板宽度	12000	2 顶板宽度	12000
1 翼缘板根部厚度	250	2 翼缘板根部厚度	250
1 翼缘板端部厚度	750	2 翼缘板端部厚度	750
1 顶部偏移	0.0	2 顶部偏移	0.0

表 2-4　标准梁段-4 截面参数　　　　　　　　（单位：mm）

尺寸标注名称	值	尺寸标注名称	值
1 底板厚度	665	2 底板厚度	500
1 底板宽度	6500	2 底板宽度	6500
1 梁高	3550	2 梁高	3120
1 上加腋（AXB）A	800	2 上加腋（AXB）A	800
1 上加腋（AXB）B	200	2 上加腋（AXB）B	200
1 下加腋（AXB）A	400	2 下加腋（AXB）A	400

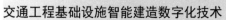

（续）

尺寸标注名称	值	尺寸标注名称	值
1 下加腋（AXB）B	200	2 下加腋（AXB）B	200
1 腹板厚度	500	2 腹板厚度	500
1 顶板厚度	665	2 顶板厚度	400
1 顶板宽度	12000	2 顶板宽度	12000
1 翼缘板根部厚度	250	2 翼缘板根部厚度	250
1 翼缘板端部厚度	750	2 翼缘板端部厚度	750
1 顶部偏移	0.0	2 顶部偏移	0.0

表 2-5　标准梁段-5 截面参数　　　　　　　　（单位：mm）

尺寸标注名称	值	尺寸标注名称	值
1 底板厚度	500	2 底板厚度	500
1 底板宽度	6500	2 底板宽度	6500
1 梁高	3120	2 梁高	3120
1 上加腋（AXB）A	800	2 上加腋（AXB）A	800
1 上加腋（AXB）B	200	2 上加腋（AXB）B	200
1 下加腋（AXB）A	400	2 下加腋（AXB）A	400
1 下加腋（AXB）B	200	2 下加腋（AXB）B	200
1 腹板厚度	500	2 腹板厚度	500
1 顶板厚度	400	2 顶板厚度	400
1 顶板宽度	12000	2 顶板宽度	12000
1 翼缘板根部厚度	250	2 翼缘板根部厚度	250
1 翼缘板端部厚度	750	2 翼缘板端部厚度	750
1 顶部偏移	0.0	2 顶部偏移	0.0

表 2-6　标准梁段-6 截面参数　　　　　　　　（单位：mm）

尺寸标注名称	值	尺寸标注名称	值
1 底板厚度	500	2 底板厚度	810
1 底板宽度	6500	2 底板宽度	6500
1 梁高	3120	2 梁高	3120
1 上加腋（AXB）A	800	2 上加腋（AXB）A	100
1 上加腋（AXB）B	200	2 上加腋（AXB）B	100

（续）

尺寸标注名称	值	尺寸标注名称	值
1 下加腋（AXB）A	400	2 下加腋（AXB）A	100
1 下加腋（AXB）B	200	2 下加腋（AXB）B	100
1 腹板厚度	500	2 腹板厚度	2750
1 顶板厚度	400	2 顶板厚度	810
1 顶板宽度	12000	2 顶板宽度	12000
1 翼缘板根部厚度	250	2 翼缘板根部厚度	250
1 翼缘板端部厚度	750	2 翼缘板端部厚度	750
1 顶部偏移	0.0	2 顶部偏移	0.0

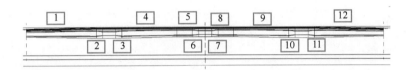

图 2-63　变截面箱梁结构主视图

8）放置嵌套族。将视图切换到【承台顶面标高】，以此标高作为工作平面，放置下部结构的嵌套族。根据图纸将 1~5 号墩台的参照线绘制出来。如图 2-64 所示，在【结构】工具栏中选择【构件】工具，选择【放置构件】，按照参照线的位置，分别放置各个墩台，放置效果如图 2-65 所示。由于该桥为变截面梁桥，各桥墩墩身高度不同，所以需要创建桥墩子族，后期单独调整各桥墩墩身高度。将视图切换到南立面，对桥墩的墩高进行调参，1 号和 5 号桥墩墩身高度为 8379mm，2 号和 4 号桥墩墩身高度为 7800mm，3 号桥墩墩身高度为 8280mm。图 2-66 为下部结构设置完毕后的桥梁主视图。

图 2-64　【结构】工具栏→【构件】（桥梁模型）

9）组装桩结构。将视图切换到【承台底面标高】，以此面作为工作平面，放置桩族，由于各承台下部桩深不同，所以需要创建桩的子族，分别进行参数调整。首先如图 2-67 所示，在【结构】工具栏中选择【柱】工具，选择【复制】工具，创建多个子族，将其命名为【桩-×】，×分别对应 1~5 号承台。在视图中使用参照平面工具，绘制出参照线，以此为标准放置各桩，放置效果如图 2-68 所示。将视图切换到南立面，对各个桩的高程、桩深及顶部偏移进行调整，桩身需要嵌入承台中。图 2-69 为桩放置完成后桥梁主视图。

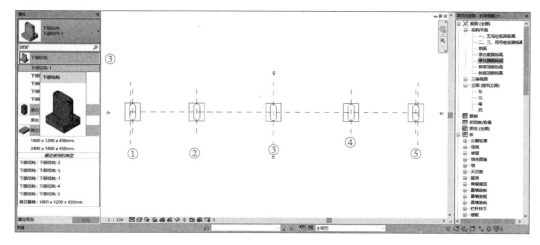

图 2-65　放置墩台

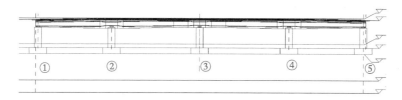

图 2-66　下部结构主视图

图 2-67　【结构】工具栏→【柱】（桥梁模型）

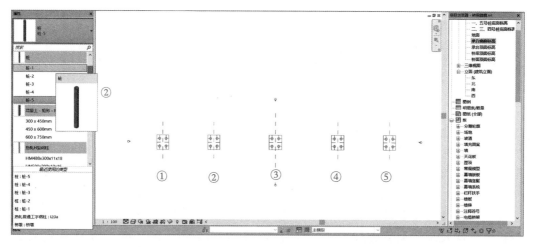

图 2-68　放置桩

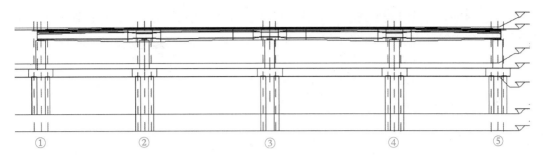

图 2-69 桩放置完成后桥梁主视图

10）添加材质。对各个族添加材质属性，以桥面系为例。工作窗口中选中桥面系模型，在【属性】面板中单击【编辑类型】，打开【类型属性】对话框，添加材质属性，同时添加外观材质。如图 2-70 所示，人行道板材质选择【砖，普通】，基层材质选择【混凝土，现场浇筑-C30】，路沿石材质选择【混凝土砌块】，面层材质选择【沥青】。选择材质时，在【材质浏览器-砖，普通】对话框中的【图形】选项卡中，勾选【使用渲染外观】。

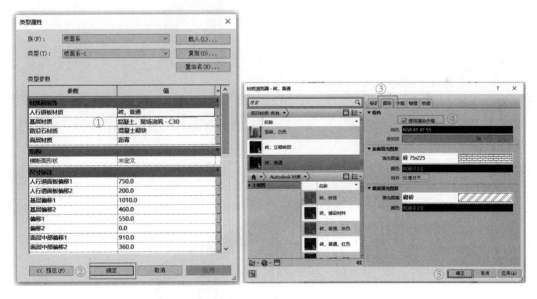

图 2-70 设置桥梁材料参数

■ 2.4 数字模型展示及模型输出

建好的 BIM 模型主要有两种后续用途：第一种是作为建筑模型输出，在工程中作为项目展示和相关介绍时所用材料；第二种是作为模型文件，将其输出成其他格式文件，与其他BIM 软件进行交互操作。

1. 数字模型展示

AutodeskRevit 提供对模型进行渲染输出的功能，可以满足作为工程项目前期各项工作材料的要求。

首先在【视图】工具栏中将视图切换到三维主视图，选择【渲染】工具对桥梁进行材质渲染，如图 2-71 所示，渲染质量选择【高】，照明选择【室外：仅日光】，单击【渲染】对模型开始渲染。将渲染好的图片导出为 JPG 格式保存，如图 2-72 所示。

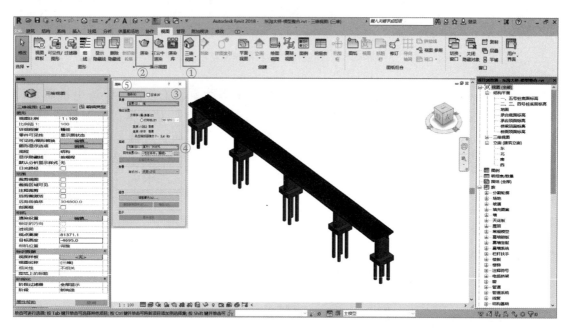

图 2-71　模型渲染（桥梁模型）

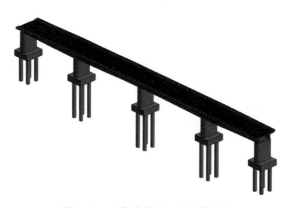

图 2-72　渲染效果图（桥梁模型）

2. 模型输出

由于 Revit 模型创建操作简单，所以通过 Revit 建模可以为许多其他分析软件前期建模节省大量工作量。如图 2-73 所示，对于不同的软件，Revit 可以将建好的模型以不同的格式导出，以便后期使用。

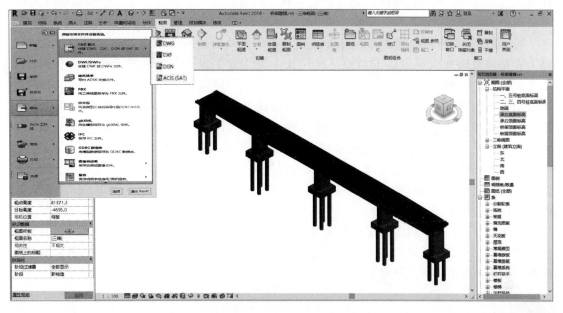

图 2-73 导出模型格式（桥梁模型）

■ 2.5 工程创新典范——港珠澳大桥

港珠澳大桥（Hong Kong-Zhuhai-Macao Bridge）是我国境内一座连接香港、广东珠海和澳门的大型综合桥隧工程。该项目于 2009 年 12 月 15 日动工建设，2018 年 10 月 24 日上午 9 时开通运营。港珠澳大桥全长 55km，集桥梁、人工岛、隧道等多类工程于一体，结构复杂、施工难度大。港珠澳大桥的顺利建设，是我国工程技术人员不断创新、锐意进取的写照，是我国基础设施建设领域装备、工艺、工法集成创新的突出成果，是我国综合国力不断发展的集中体现，更是中国特色社会主义进入新时代的象征和见证，是圆梦桥、同心桥、自信桥、复兴桥。

1）港珠澳大桥的顺利建设，充分体现了中国特色社会主义制度的优越性。为了减少工程建设对环境、通航等方面影响，港珠澳大桥采用桥隧联合方案。其中，隧道部分由 33 节巨型沉管组成，是目前世界最长的海底深埋沉管隧道。该隧道的施工，需要在 40m 的海下进行沉管拼接，因此施工工艺十分复杂，对于作业环境要求极高。然而，受基槽异常回淤等不利因素影响，E15 阶段在安装过程中经历三次浮运两次返航。紧要关头，广东省政府果断下令在附近水域采取临时性停止采砂，为大桥建设保驾护航，彰显了中国集中力量办大事的制度优势。

2）港珠澳大桥的顺利建设，充分体现了中华民族的奋斗精神和工匠精神。港珠澳大桥建设区域通航繁忙，每天有 4000 艘各类船舶经过，海况复杂。此外，该工程位于亚热带沿海区域，常年遭受台风等恶劣天气影响，年有效作业时间仅 200 天左右。面对通航限制与极端天气考验，一线建筑工人忘我工作，扎紧每一根钢筋，摆齐每一个马凳，浇好每一方混凝土，焊牢每一条焊缝，拧紧每一颗螺栓，将大跨桥梁、人工岛屿与沉管隧道精心建好。全国各地工程建设人员夙兴夜寐以"功成必定有我"的责任感、自豪感，竖起中国桥梁的高峰，再度刷新了世人对中国工程的印象。

3）港珠澳大桥的顺利建设，充分体现了中华民族的创新热情和创造能力。港珠澳大桥工程整体规模庞大，但施工期短、所用技术新、施工技术繁多、涉及专业广，因此整体建设难度大、难点多。工程所在区域位于珠江口，暗流、涌浪、潮汐、台风等都增加桥隧结构施工难度。此外，工程场地海底淤泥质土、粉质黏土深厚，下卧基岩面起伏变化大。工程还毗邻白鳍豚等濒危动物栖息地，对工程建设方案有特殊要求。面对如此多的技术问题、环境问题、法律法规限制，我国高校与科研院所协同创新，取得了一系列科研成果。据不完全统计，港珠澳大桥建设前后实施了300多项课题研究，发表论文逾500篇，编制标准和指南30项，软件著作权10余项，创建工法40多项，形成63份技术标准，创造600多项专利。

港珠澳大桥，是我国工程建设能力的完美体现，它一方面连接着从远古以来印刻在每个炎黄子孙身上的奋斗之魂，另一方面连接着未来美好生活。我国已经开启"交通强国"新征程，未来更多工程奇迹即将上演。

课后题

1.【实操】：参照2.2.1节中桥墩处梁节段绘制方法，绘制侧端梁节段族，其截面尺寸如图2-74所示。

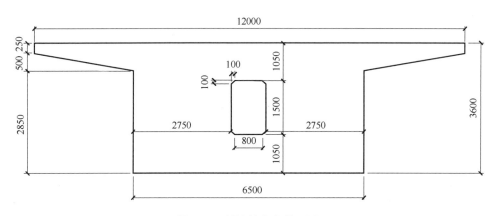

图2-74　侧端梁节段截面图

2.【实操】：参照2.2.1节中外轮廓族创建方法，根据图2-75所示形状，创建梁节段的内轮廓族。

3.【实操】：参照2.2.1节中梁外轮廓绘制方法，使用空心放样工具，绘制标准梁段的空心内轮廓。

4.【实操】：参照2.2.2节中桥墩族的创建方法，创建桩族。

5.【实操】：参照梁节段和标准梁段的创建方法，创建桥面系模型。

6.【实操】：根据表2-7，对桥梁其余结构族材质进行设置。

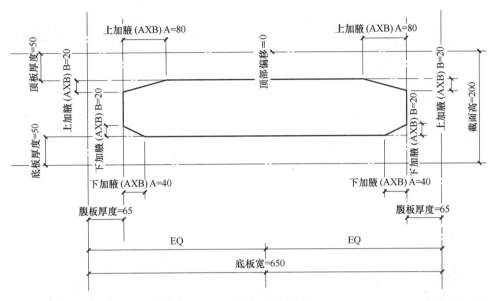

图 2-75　标准梁段内轮廓形状

表 2-7　桥梁材质参数表

部件	材质
桩	C30 混凝土
承台	C30 混凝土
桥墩	C40 混凝土
箱梁	预制混凝土
桥垫板	C30 混凝土

7. 【思考】：新中国成立以来我国桥梁建设取得了哪些举世瞩目的成就？

第 3 章　隧道数字化模型

本章内容提要:

隧道是埋置于地层内的工程建筑物,包括交通隧道、采矿隧道、军事隧道、市政隧道等,本书中隧道仅指交通隧道。交通隧道在缩短公(铁)路运行距离、提高运输能力、减少事故等方面起到重要的作用。交通隧道通常包括主体结构与附属结构两部分。其中,主体结构分为洞身、仰拱、锚杆;隧道附属结构分为排水沟、保温层、电缆槽、钢轨。本章将以某铁路双洞四线隧道作为教学案例,分主体结构与附属结构两部分详细讲解隧道工程 BIM 模型建立的流程与技巧。其中,3.1 节介绍铁路双洞四线隧道工程概况与建模思路;3.2 节详细介绍如何采用参数化族建立洞身、仰拱、锚杆等隧道主体结构模型;3.3 节详细介绍如何采用参数化族及模型组方法建立排水沟、保温层、电缆槽、钢轨附属构件模型;3.4 节介绍模型组装与调参方法;3.5 节以厦门首条盾构海底隧道为例,介绍我国近年来在隧道工程建设领域所取得的重大成就。

学习要点:

1. 了解隧道主体结构和附属构件:洞身、仰拱、锚杆、排水沟、保温层、电缆槽、钢轨等。

2. 理解族、嵌套族、参数驱动等概念。

3. 掌握隧道主体结构和附属构件建模方法。

4. 熟悉嵌套、组件整合功能。

■ 3.1　工程概况与建模思路

本章以某铁路双洞四线隧道为例,详细介绍隧道结构的三维数字化模型构建方法。该隧道整体构型如图 3-1 所示,总长为 6km,隧道面最高点高程为 6.9m。本章节将铁路双洞四线隧道分为隧道主体结构和附属结构分别进行建模。其中,主体结构分为洞身、仰拱、隧基、锚杆,采用不同的族样板创建各参数化族。附属构件主要指排水沟、保温层、电缆槽、钢轨、枕木等，采用参数化族和模型组的方法创建。各部分族库建模完成后，在结构样板中对整体模型进行组装。隧道建模思路如图3-2所示。

图3-1　隧道整体构型

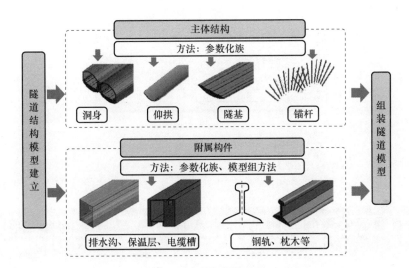

图3-2　隧道建模思路

■ 3.2　隧道主体结构建模

3.2.1　创建洞身模型

隧道拱墙指隧道两边侧墙和顶部的拱，一般采用台车进行一体浇筑，其主要作用是将隧道外地表水和地下水疏导截流，保护隧道内部结构。隧道拱墙主要建模流程如下：

1）选择族样板。打开Revit，在【族】部分选择【新建】，打开Revit样板库，选择【公制常规模型】作为样板文件。

2）设置单位。选择【管理】工具栏，打开【项目单位】选项，将长度单位设置为mm，保证后期各部分拼装时单位统一，如图3-3所示。

3）绘制参照平面。在【项目浏览器】中选择前立面视图，单击【创建】工具栏上的【参照平面】，以设置工作平面。在【绘制】选项卡中选择【线】工具，根据图纸绘制参照平面，并对参照线的尺寸进行标注，如图3-4所示。

a)

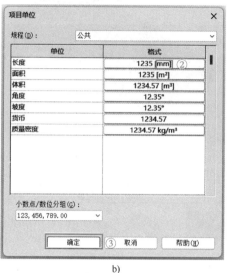

b)

图 3-3　设置单位（隧道建模）

a)【管理】工具栏→【项目单位】　b)统一管理单位

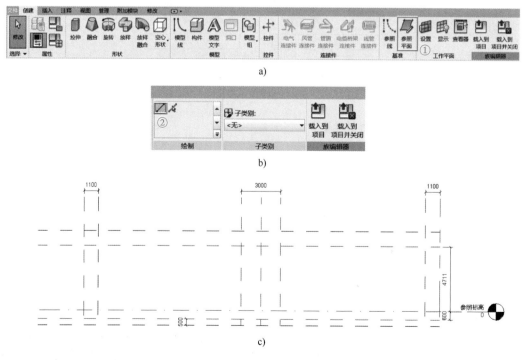

a)

b)

c)

图 3-4　绘制参照平面（洞身）

a)【创建】工具栏→【参照平面】　b)【绘制】选项卡→【线】　c)标注参照线尺寸

4）绘制参照线。在【创建】工具栏上单击【参照线】。在【绘制】选项卡中选择【线】工具，根据图纸绘制参照线，并对参照线的尺寸进行标注，如图 3-5 所示。

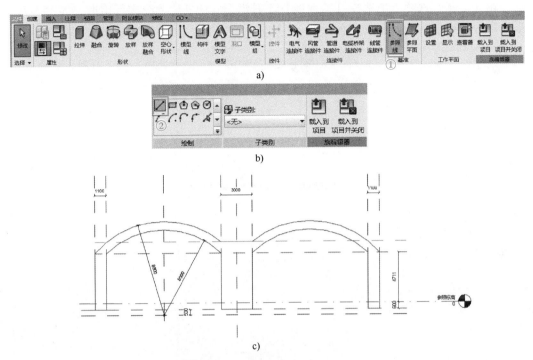

图 3-5 绘制参照线（洞身）

a)【创建】工具栏→【参照线】 b)【绘制】选项卡→【线】 c) 洞身尺寸标注

5）绘制洞身放样路径。在【项目浏览器-标准铁路隧道 201#】中选择【楼层平面】中的【参照标高】选项。在【创建】工具栏中单击【放样】，在【工作平面】选项卡上单击【绘制路径】，在【绘制】选项卡中选择【线】工具绘制路径，沿竖直方向绘制一条长为60000 的路径，单击【✔】完成洞身放样路径的绘制，如图 3-6 所示。

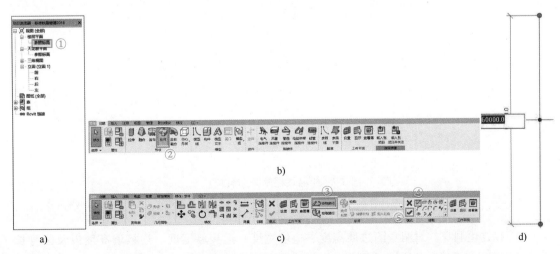

图 3-6 绘制放样路径（洞身）

a) 参照标高 b)【创建】工具栏→【放样】 c)【工作平面】选项卡→【绘制路径】 d) 绘制路径

6）绘制放样轮廓。在【修改|放样】工具栏中，单击【编辑轮廓】，在【转到视图】对话框中选择【立面：前】选项，单击【打开视图】，将视图切换至前立面，如图3-7a、b所示。在【绘制】选项卡中选择【拾取线】工具沿洞身的外轮廓线进行拾取，如图3-7c、d所示，单击【✔】完成放样轮廓的绘制。

a)

b)

c)

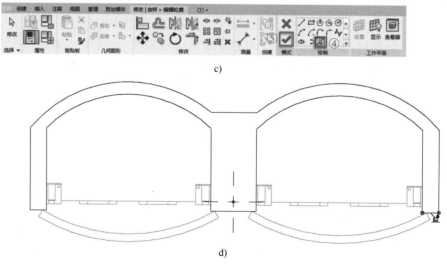

d)

图3-7　绘制放样轮廓（洞身）

a)【修改|放样】工具栏　b)【转到视图】对话框　c)【修改|放样>编辑轮廓】工具栏　d) 拾取轮廓线

7）参数化洞身。对洞身的边墙高度、边墙宽度、连接墙宽度、连接墙高度以及洞身长度进行注释及参数化，如图3-8所示。

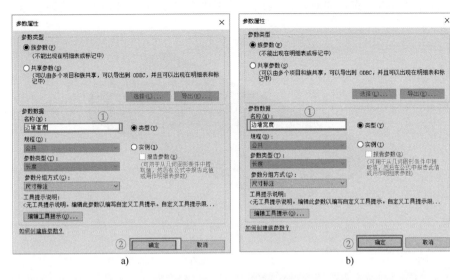

a)　　　　　　　　　　　　　　　　b)

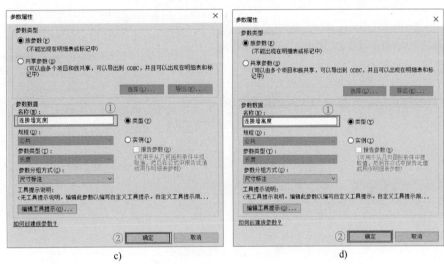

c)　　　　　　　　　　　　　　　　d)

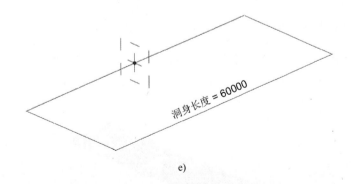

e)

图 3-8　参数化洞身

a）边墙高度参数　b）边墙宽度参数　c）连接墙宽度参数

d）连接墙高度参数　e）洞身长度标注及参数化结果显示

8）设置隧道材质。选中建好的模型，在【属性】面板中对【材质和装饰】进行参数关联，如图 3-9 所示。

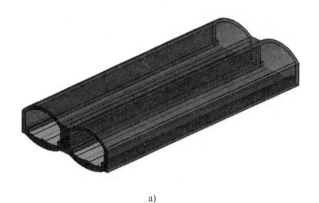

a)

图 3-9　设置隧道材质

a）选择构件　b）新建材质参数　c）洞身材质参数

3.2.2　创建仰拱模型

仰拱是为了改善上部支护结构受力条件而设置在隧道底部的反向拱形结构，是隧道结构的主要组成部分之一。本节采用创建拉伸模型方法创建仰拱族库，如图 3-10 所示。

创建仰拱模型

图 3-10　仰拱

1）选择族样板。打开 Revit，在【族】部分选择【新建】，打开 Revit 样板库，选择【公制结构基础】作为样板文件，单击【打开】，如图 3-11 所示。

图 3-11 选择族样板（仰拱）

2）设置单位。选择【管理】工具栏，打开【项目单位】选项，将长度单位设置为mm，保证后期各部分拼装时单位统一。

3）选择工作平面。在【创建】工具栏中的【工作平面】选项上单击【设置】，为模型指定新的工作平面。选择【参照平面：中心（前/后）】为新的工作平面，将视图转到前立面，如图 3-12 所示。

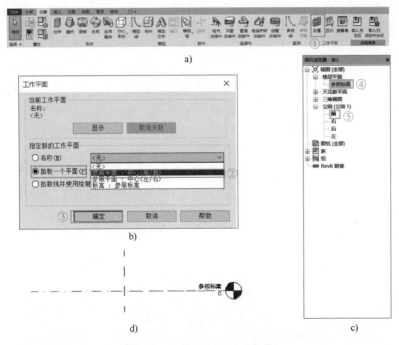

图 3-12 选择工作平面（仰拱）

a)【创建】工具栏→【工作平面】选项卡→【设置】 b)设置工作平面 c)转到视图 d)前立面

4）绘制参照线。在【创建】工具栏的【基准】选项卡上选择【参照线】工具，再在【绘制】选项卡上选择【圆心弧】工具，根据图纸绘制仰拱的参照线，如图 3-13a 所示。首先拾取圆弧，然后设置仰拱外径为 12300.0，再设置仰拱弧度为 29.32°，拱厚为 500。使用【修改|放置 参照线】工具栏的【线】工具，闭合仰拱截面，然后使用【修改|参照线】工具栏的【镜像】工具，完成仰拱截面参照线的绘制。具体操作步骤如图 3-13 所示。

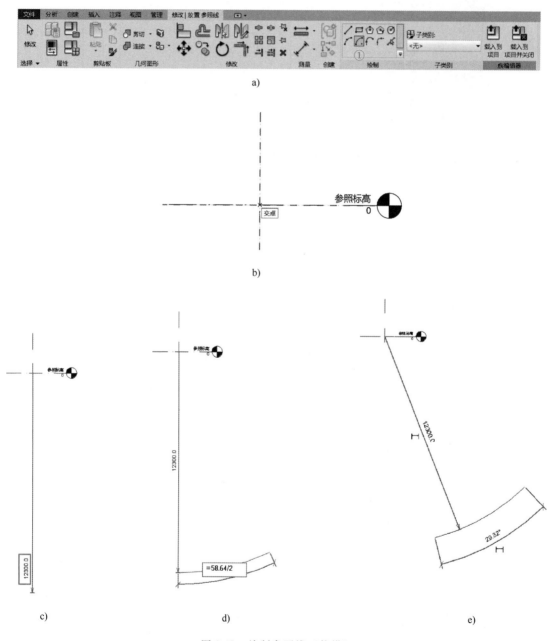

图 3-13 绘制参照线（仰拱）

a)【修改|放置 参照线】工具栏→【圆心弧】　b）取圆弧中心　c）设置仰拱外径
d）设置仰拱弧度　e）绘制仰拱外弧

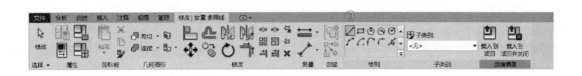

f)

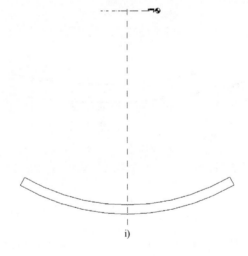

g)

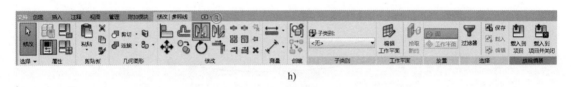

h)

i)

图 3-13 绘制参照线（仰拱）（续）

f)【修改│放置 参照线】工具栏→【线】 g）闭合仰拱截面

h)【修改│参照线】工具栏→【镜像】 i）仰拱截面

5）创建拉伸形状。在【创建】工具栏中选择【拉伸】工具创建仰拱模型，根据上一步创建的参照线，在【绘制】选项卡选择【线】工具绘制截面的轮廓，绘制完毕后拾取轮廓线，完成后单击【✔】保存退出草图，如图 3-14 所示。

6）切换视图。在【项目浏览器】中将视图切换到【参照标高】，完成拉伸，拉伸长度为 60000.0 如图 3-15 所示。

7）参数化仰拱。对仰拱的长度、外半径、厚度进行注释及参数化，如图 3-16 所示。

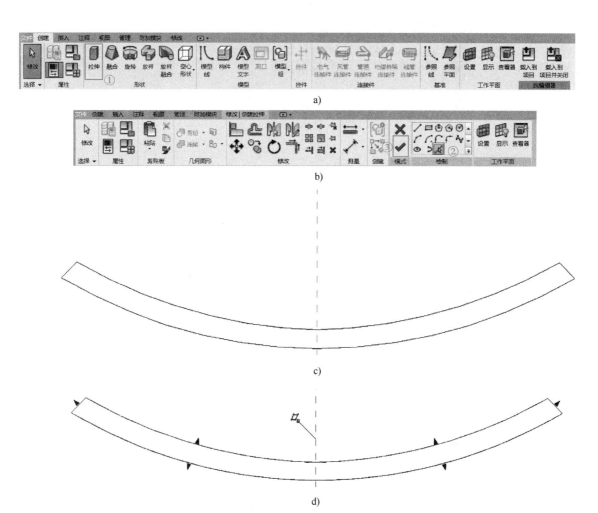

图 3-14　创建拉伸形状（仰拱）

a)【创建】工具栏→【拉伸】　b)【修改│创建拉伸】工具栏　c）拾取轮廓线　d）仰拱拉伸形状

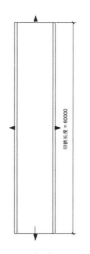

图 3-15　拉伸（仰拱）

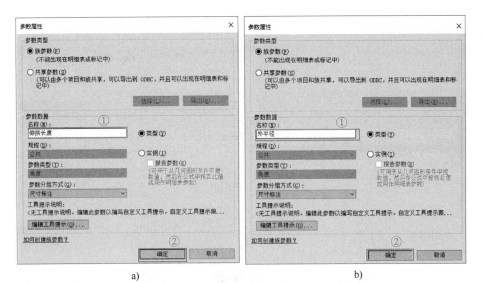

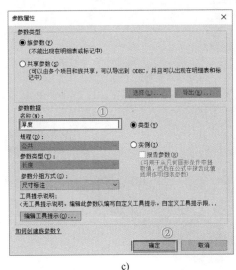

图 3-16　参数化仰拱

a）仰拱长度参数　b）仰拱外半径参数　c）仰拱厚度参数

8）设置材质。选中建好的模型，在【属性】面板中对【材质和装饰】进行参数关联。打开【关联族参数】对话框，单击【新建参数】，参数命名为【仰拱材质】，参数属性为【类型】，如图 3-17 所示。

3.2.3　创建隧基模型

隧基是隧道底部基础部分，是隧道结构的主要组成部分之一，其上部连接钢轨和枕木，下部连接地基。本节采用放样融合方法，创建隧基族库，如图 3-18 所示。

1）选择族样板。打开 Revit，在【族】部分选择【新建】，打开 Revit 样板库，选择【公制环境】作为样板文件，单击【打开】，如图 3-19 所示。

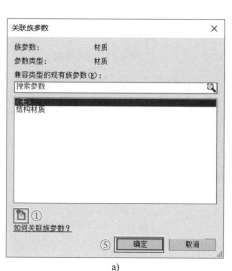

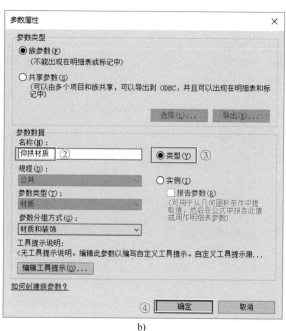

图 3-17　设置材质（仰拱）

a) 新建材质参数-1　b) 新建材质参数-2

图 3-18　隧基

图 3-19　族样板选择（隧基）

2）设置单位。选择【管理】工具栏，打开【项目单位】选项，将长度单位设置为 mm，保证后期各部分拼装时单位统一。

3）绘制参照线。单击【创建】工具栏【基准】选项卡上的【参照线】，选择【绘制】选项卡中的【圆心弧】工具，根据图纸绘制隧基的参照线，其半径为 11800.0，弧度为 29.32°。单击【镜像】，绘制出另一边参照线。具体步骤如图 3-20 所示。

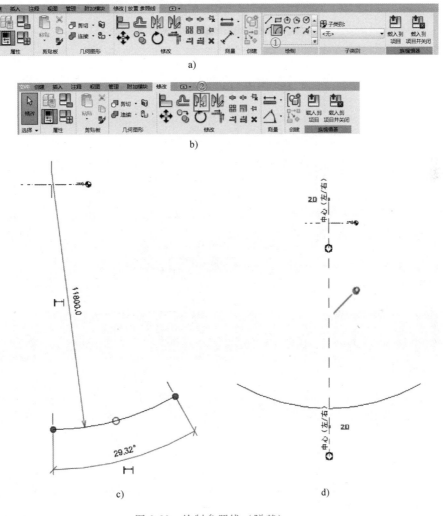

图 3-20 绘制参照线（隧基）

a）【修改 | 放置 参照线】工具栏 b）【修改】工具栏→【镜像】 c）绘制半弧线 d）绘制整弧线

4）创建参照平面。在【创建】工具栏中的【基准】选项卡中选择【参照平面】，为模型创建新的工作平面，将视图转到【立面：前】，单击【打开视图】，选择【绘制】选项卡上的【线】工具在当前视图绘制参照线，如图 3-21 所示。

5）绘制放样路径。在【创建】工具栏中选择【放样融合】工具创建隧基模型，再单击【绘制路径】，【线】，绘制放样路径，路径角度为 90°，长度为 60000.0，单击【✔】完成放样路径的绘制，如图 3-22 所示。

a)

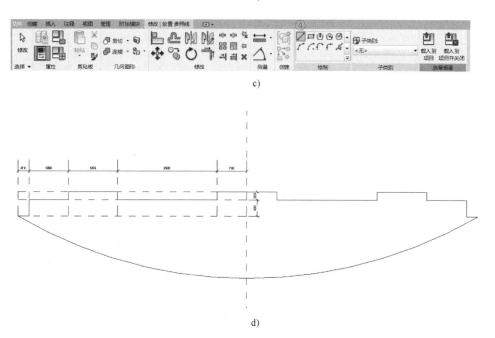

b)

c)

d)

图 3-21　创建参照平面（隧基）

a）设置参照平面　b）切换视图　c）【线】工具　d）绘制参照线

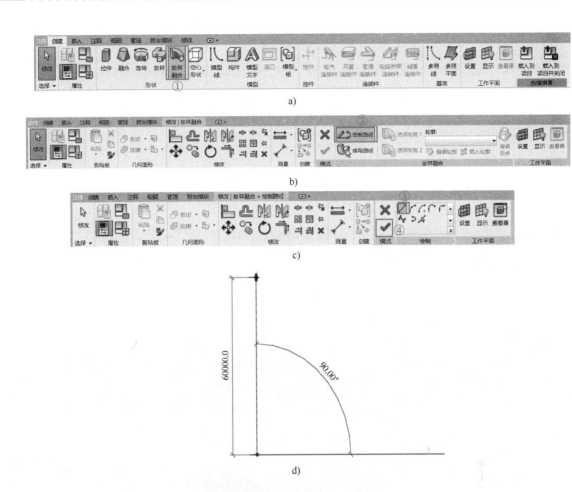

a)

b)

c)

d)

图 3-22　绘制放样路径（隧基）

a)【创建】工具栏→【放样融合】　b)【修改│放样融合】工具栏→【绘制路径】

c)【绘制】选项卡→【线】　d)放样路径完成

6）创建放样融合。在【放样融合】选项卡中，进行轮廓 1 和轮廓 2 的拾取，单击【✓】完成放样融合的创建，如图 3-23 所示。

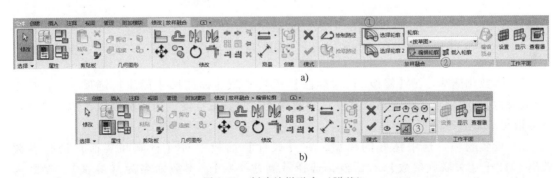

a)

b)

图 3-23　创建放样融合（隧基）

a)【修改│放样融合】-1　b)【修改│放样融合>编辑轮廓】-1

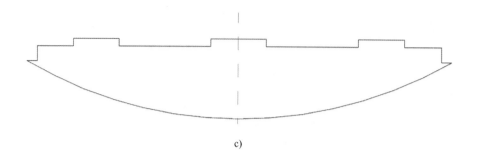

c)

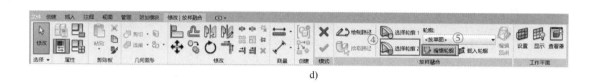

d)

e)

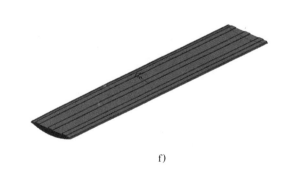

f)

图 3-23　创建放样融合（隧基）（续）

c）拾取轮廓线　d）【修改｜放样融合】-2　e）【修改｜放样融合>编辑轮廓】-2　f）隧基放样形状

7）参数化隧基。在【修改｜尺寸标注】工具栏的【标注尺寸标注】选项卡上，单击【创建参数】，对隧道基础的钢轨宽度、钢轨深度、附属总宽度、边沿宽度以及边沿高度进行参数化，如图 3-24 所示。

8）设置材质。选中建好的模型，在【属性】面板中对【材质和装饰】进行参数关联。打开【关联族参数】对话框，选择【新建参数】，参数命名为【隧基】，参数属性为【类型】，创建好后单击【确定】，这样就将材质进行参数化关联，如图 3-25 所示。

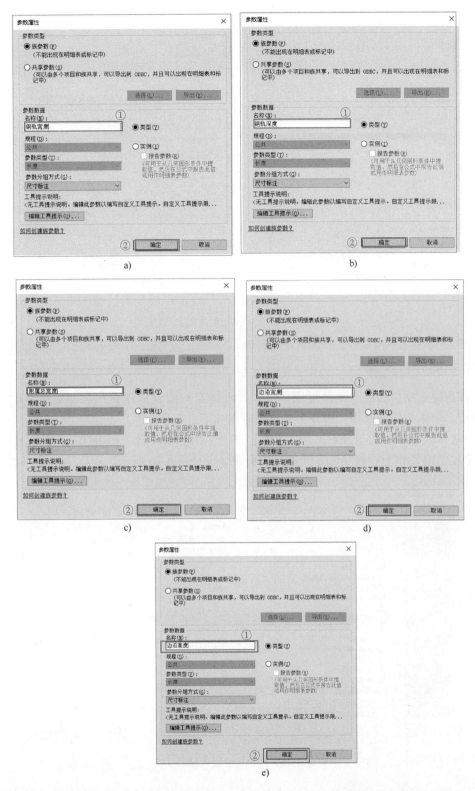

图 3-24 参数化隧基

a）钢轨宽度参数 b）钢轨深度参数 c）附属总宽度参数 d）边沿宽度参数 e）边沿高度参数

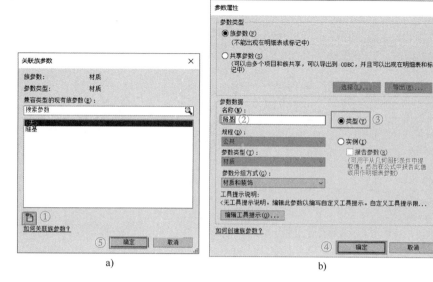

图 3-25 设置材质（隧基）

a）新建材质参数-1 b）新建材质参数-2

3.2.4 创建锚杆模型

锚杆是隧道支护的最基本的组成部分，其将隧道与围岩锚固在一起，常用于矿山、边坡、隧道、坝体等各类结构。锚杆主要建模流程如下：

1）选择族样板。打开 Revit，在【族】部分选择【新建】，打开 Revit 样板库，选择【公制常规模型】作为样板文件，并进行单位设置，如图 3-26 所示。

图 3-26 选择族样板（锚杆）

2）绘制参照线。在创建工具栏的【基准】选项卡中选择【参照线】，选择前立面，绘制隧道顶棚轮廓及半径，并标注半径尺寸，如图 3-27 所示。

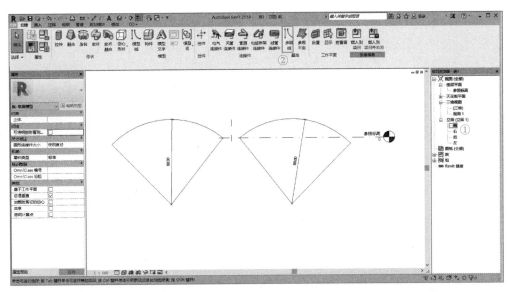

图 3-27　绘制参照线（锚杆）

3）创建拉伸形状。在【创建】工具栏中选择【拉伸】工具创建锚杆模型，在参照平面上，使用【绘制】选项卡中【圆形】工具绘制内圈截面的轮廓，单击【✔】完成拉伸形状的创建，如图 3-28 所示。

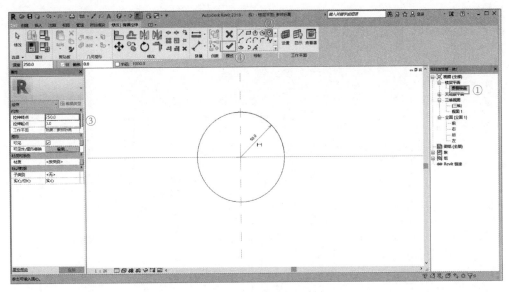

图 3-28　创建拉伸形状（锚杆）

4）参数化半径。在【注释】工具栏中选择【半径】工具，选中圆轮廓注释；之后选中已注释的半径尺寸，在【修改|尺寸标注】工具栏中单击【创建参数】，打开【参数属性】对话框，将参数命名为【r】并单击【确定】，如图 3-29 所示。

5）阵列锚杆模型。将创建好的单杆模型用【修改】选项卡中的【移动】和【旋转】放置到最左边半径对应的外轮廓位置上。选中模型，单击【修改】选项卡中的【阵列】，旋转中心选中轮廓圆心，起点为左半径，终点为右半径，数量为 10，如图 3-30 所示。

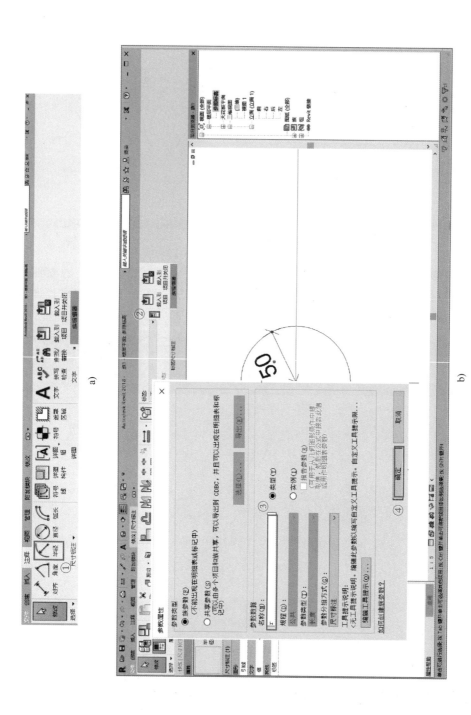

图 3-29　半径参数化（锚杆）

a）［注释］工具栏→［半径］　b）命名参数

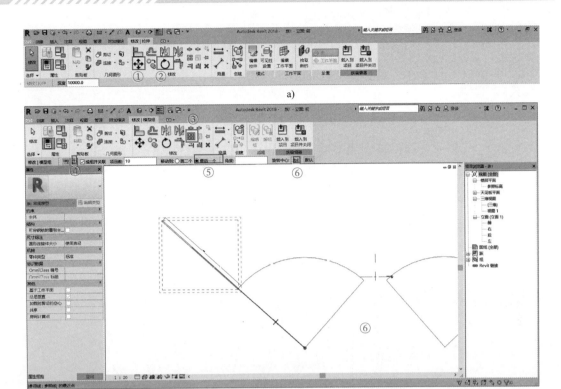

a)

b)

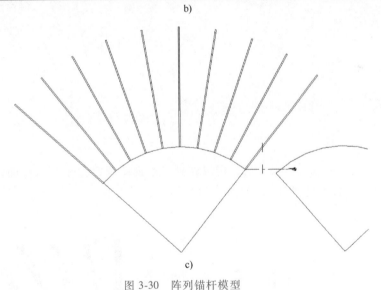

c)

图 3-30 阵列锚杆模型

a)【修改│拉伸】工具栏 b）阵列模型 c）左侧锚杆模型图

6）镜像模型及参数化杆长。选中左侧所有锚杆模型，使用【修改】选项卡中的【镜像-拾取轴】，以中心轴为对称轴镜像模型，并对所有锚杆长进行注释及参数化，命名为【1】，并将模型线删除，如图 3-31 所示。

7）设置材质。选中建好的模型，在【属性】面板中对【材质和装饰】进行参数关联。打开【关联族参数】对话框，选择【新建参数】，参数命名为【锚杆材质】，参数属性为【类型】，创建好后单击【确定】。

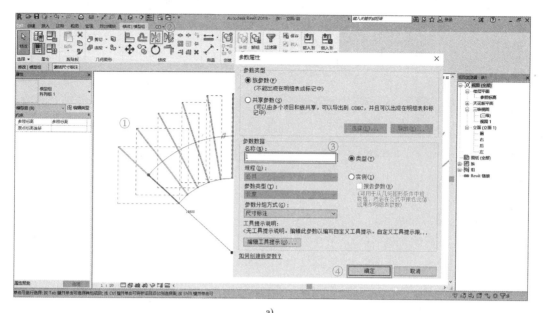

a)

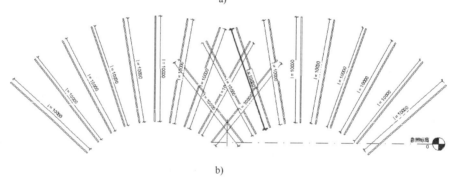

b)

图 3-31 镜像模型及参数化杆长

a) 设置参数 b) 锚杆模型图

8）保存结构。完成上述操作后，可以转到三维视图观察完整结构；确认没有问题后可以保存族文件，命名为【锚杆】，如图 3-32 所示。

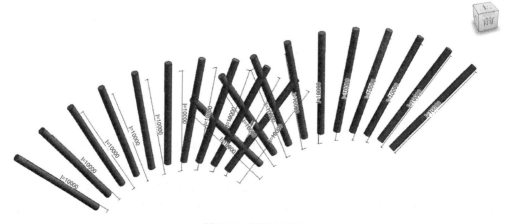

图 3-32 锚杆三维图

3.3　隧道附属构件建模

3.3.1　创建防排水设施、保温层及电缆槽

排水沟、保温层和电缆槽是隧道常见附属构件，以下介绍采用族样板
建立此类结构数字化模型。

1）选择族样板。打开 Revit，在【族】部分选择【新建】，打开 Revit
样板库，选择【公制结构框架-梁和支撑】作为样板文件，如图 3-33 所示。

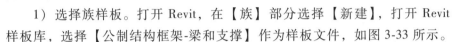

图 3-33　选择族样板（排水沟、保温层和电缆槽）

2）设置单位。选择【管理】工具栏，打开【项目单位】选项，将长度单位设置为
mm，保证后期各部分拼装时单位统一。

3）修改样板。模板中一共有七条竖向虚线，如图 3-34a 所示。创建族时，左侧参照平
面为构件的起点，右侧参照平面为构件的终点。参照平面修改后，仅保留中心线、水平线和
左右侧参照平面线，其余删除，如图 3-34b 所示。

4）新建工作平面。在工具栏中的【工作平面】选项卡中选择【设置】，为模型指定新
的工作平面，选择【参照平面：中心（前/后）】为新的工作平面，将视图转到【立面：
前】，如图 3-35 所示。

5）绘制参照线。在【创建】工具栏的【基准】模块，使用【参照平面】工具，根据
图纸绘制参照线，并对参照线的尺寸进行标注，如图 3-36 所示。

6）创建拉伸形状。在【项目浏览器-族 1】中将立面视图切换到右立面，在【创建】工
具栏中选择【空心拉伸】工具创建模型，根据上一步创建的辅助线，选择【线】绘制截面
的轮廓，单击【✔】完成拉伸形状的创建，如图 3-37 所示。

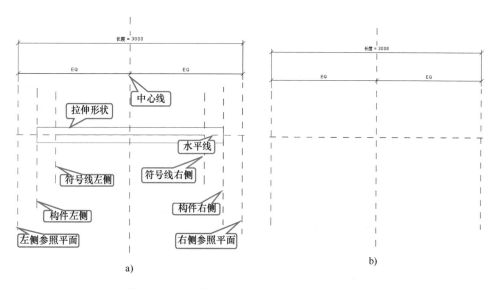

图 3-34 修改样板（排水沟、保温层和电缆槽）

a）参照平面修改前 b）参照平面修改后

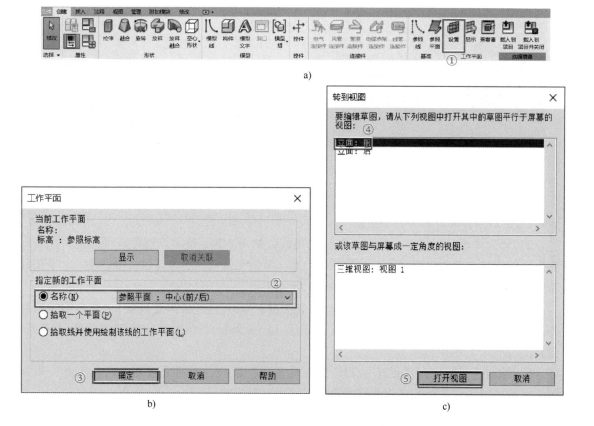

图 3-35 新建工作平面（排水沟、保温层和电缆槽）

a）【创建】工具栏→【设置】 b）设置工作平面 c）转到视图

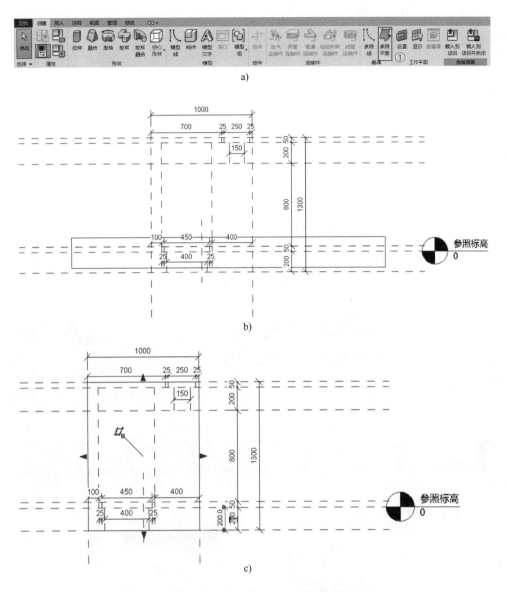

图 3-36 绘制参照线（排水沟、保温层和电缆槽）

a)【创建】工具栏→【参照平面】 b）外轮廓参照线 c）对齐

7）锁定长度。在【项目浏览器-族 1】中将视图切换到【参照标高】，选择【对齐】工具将刚才画好的梁段的两侧与中心线两侧的参照平面对齐锁定，如图 3-38 所示。

8）参数化附属构件。对附属构件的长、宽、高等进行注释及参数化，如图 3-39 所示。

9）设置材质。选中建好的模型，在【属性】面板中对【材质和装饰】进行参数关联。打开【关联族参数】对话框，选择【新建参数】，参数命名为【排水沟-电缆槽材质】，参数属性为【类型】，创建好后单击【确定】，这样就将材质进行参数化关联，如图 3-40 所示。

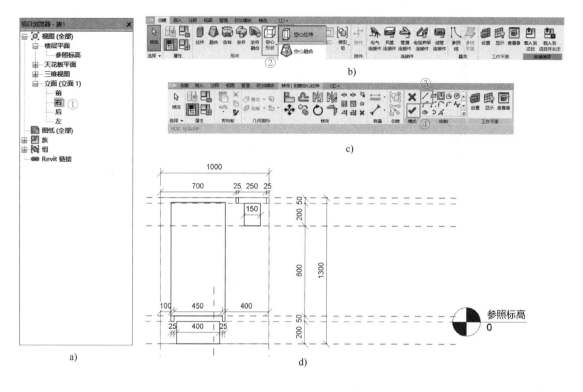

图 3-37　创建拉伸形状（排水沟、保温层和电缆槽）

a）立面视图切换　b）【创建】工具栏→【空心拉伸】

c）【修改 | 创建空心拉伸】工具栏　d）绘制空心拉伸形状

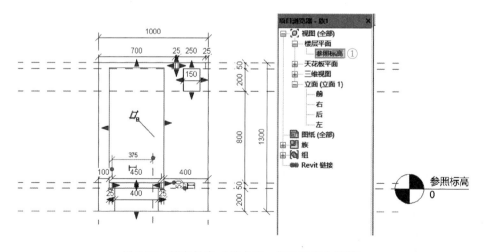

图 3-38　锁定长度（排水沟、保温层和电缆槽）

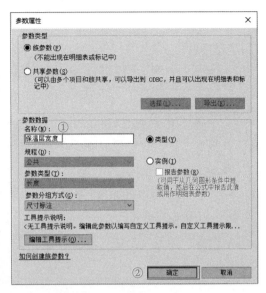

a)

b)

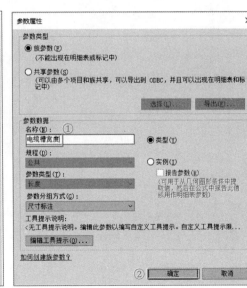

c)

d)

图 3-39　排水沟、保温层和电缆槽参数化

a）保温层高度参数　b）保温层宽度参数

c）电缆槽高度参数　d）电缆槽宽度参数

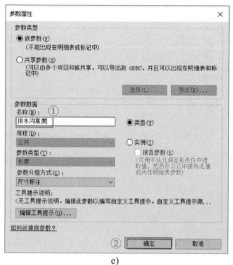

图 3-39　排水沟、保温层和电缆槽参数化（续）

e）排水沟高度参数　f）排水沟宽度参数

g）总高度参数　h）总宽度参数

i）排水沟-电缆槽-保温层长度参数

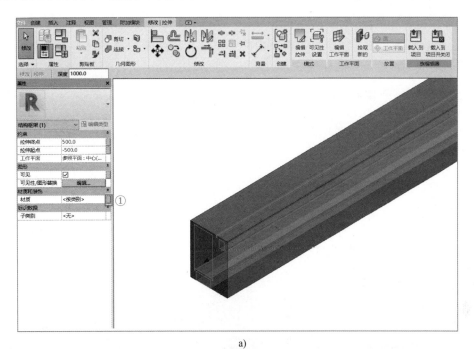

a)

b)

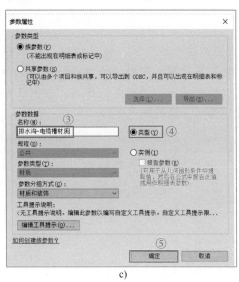

c)

图 3-40　设置材质（排水沟-电缆槽）

a)【属性】面板→【材质和装饰】　b) 新建材质参数-1　c) 新建材质参数-2

排水沟-电缆槽三维效果图如图 3-41 所示。

3.3.2　创建钢轨和枕木模型

本节采用创建模型组的方法，对钢轨和枕木进行族库创建。

1）创建钢轨族。打开 Revit，在【族】部分选择【新建】，打开 Revit 样板库，选择【公制常规模型】作

图 3-41　排水沟-电缆槽三维效果图

为样板文件，设置好单位。

2）绘制参照线。在【创建】工具栏中的【基准】选项卡中选择【参照线】，在前立面上按照钢轨前立面图绘制钢轨轮廓，并用于下一步创建拉伸形状，如图 3-42 所示。

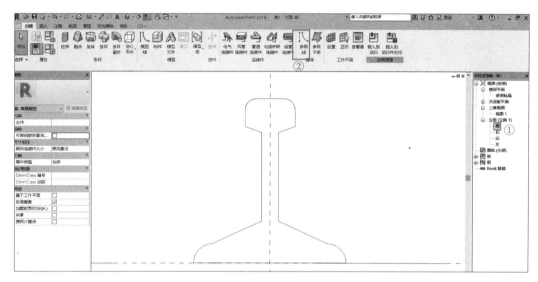

图 3-42　绘制参照线（钢轨）

3）创建钢轨拉伸形状。在【创建】工具栏中选择【拉伸】工具创建钢轨模型，根据上一步创建的参照线，使用【拾取线】工具选择钢轨轮廓，完成后单击【✔】保存退出草图，在属性栏中指定拉伸起点与终点，如图 3-43 所示。之后删除不需要的参照线即可，最后指定材质即可完成钢轨的创建。

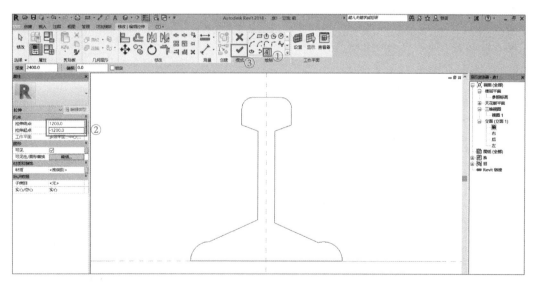

图 3-43　创建钢轨拉伸形状

4）保存族文件。完成上述操作后，可以转到三维视图观察完整结构；确认没有问题后可以保存项目文件，命名为【钢轨】，如图 3-44 所示。

图 3-44　钢轨三维图

5）创建枕木族。新建【公制常规模型】族样板文件，设置好单位，如图 3-45 所示。

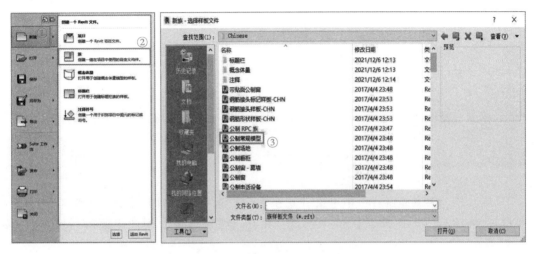

图 3-45　新建【公制常规模型】族样板文件（枕木）

6）创建枕木拉伸形状。从【项目浏览器-族 2】中选择前立面视图，工作平面自动切换，在该视图中按枕木前立面图绘制一个枕木轮廓，并创建拉伸；再转到【参照标高】中选中拉伸的枕木，利用【阵列】创建 4 个枕木，如图 3-46 所示。之后删除不需要的参照线，最后指定材质即可完成枕木的创建。

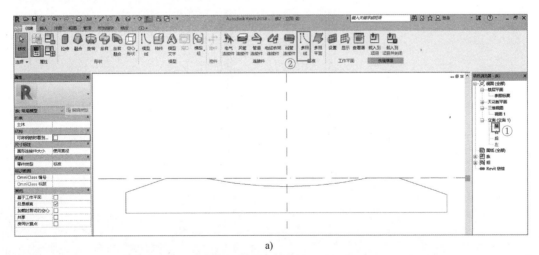

a)

图 3-46　创建枕木拉伸形状

a）绘制参照线

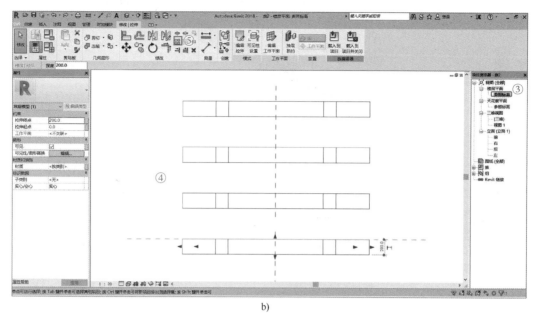

b)

图 3-46　创建枕木拉伸形状（续）

b）陈列枕木模型

7）嵌套族。在顶部窗口栏中单击【切换窗口】选择【钢轨】项目，依次单击【载入到项目】，选择上一步建立的【枕木族】，直接在【参照标高】视图中放入到枕木中，如图 3-47 所示。

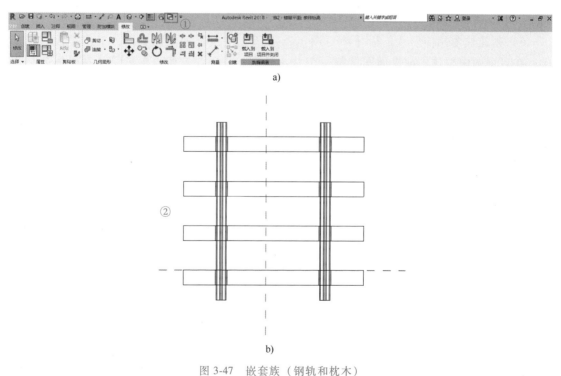

图 3-47　嵌套族（钢轨和枕木）

a）切换项目　b）放置载入钢轨族

8）创建模型组。选中所有模型，在【修改】工具栏中选择【创建组】工具，命名为【钢轨枕木】，单击确定。之后将组的原点坐标拖到边缘衔接的地方，完成模型组的创建，如图 3-48 所示。

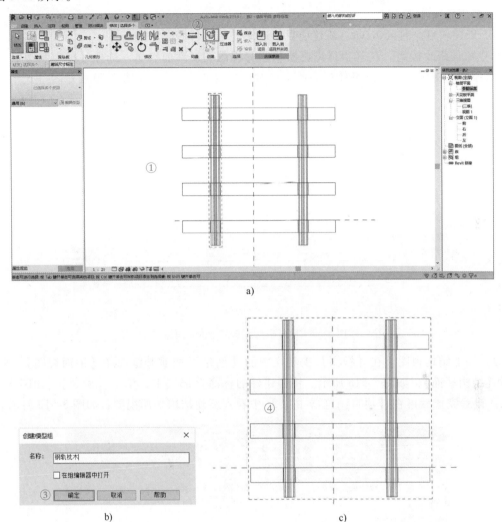

图 3-48　创建模型组

a）选中所有模型　b）命名模型组　c）修改原点坐标

9）保存族文件。完成上述操作后，可以转到三维视图观察完整结构；确认没有问题后保存项目文件。钢轨枕木模型三维图如图 3-49 所示。

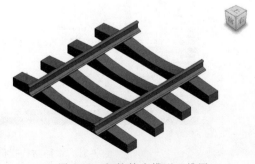

图 3-49　钢轨枕木模型三维图

■ 3.4 隧道整体模型组装

组装模型操作如下：

1）新建项目。打开 Revit，新建项目，选择【结构样板】。

2）添加修改标高。在【项目浏览器】中将视图切换到前立面，选择【标高】工具，根据图纸添加结构标高。根据具体标高所指的对标高【重命名】，如图 3-50 所示。

图 3-50　标高平面（隧道整体模型）

3）添加结构视图。在【视图】工具栏中的【创建】选项卡里选择【平面视图】，单击选择【结构平面】，如图 3-51a 所示。将创建好的标高全部选中，单击【确定】，如图 3-51b 所示。设置完成后可在【项目浏览器-拼装】中看到新建结构平面视图，如图 3-51c 所示。

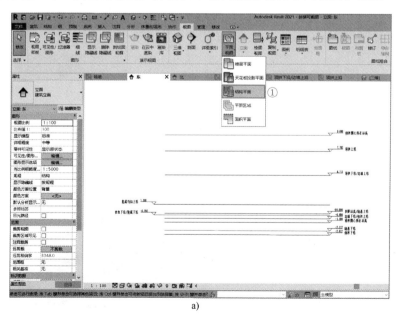

a)

图 3-51　添加结构视图（隧道整体模型）

a）添加结构平面

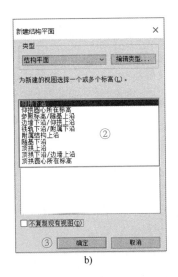

b) c)

图 3-51 添加结构视图（隧道整体模型）（续）

b）新建结构平面 c）【项目浏览器-拼装】

4）载入族。在【插入】工具栏中选择【载入族】，将之前做好的族导入到项目中，可以在【项目浏览器-拼装】中查看载入的族，如图 3-52 所示。

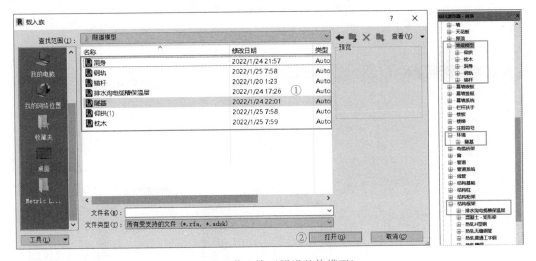

图 3-52 载入族（隧道整体模型）

5）组装主体洞身结构。调整【标高】为【边墙下沿/仰拱上沿】，载入洞身族并放入标高，放置完成后转换立面视图到北立面，调整洞身位置，如图 3-53 所示。

6）组装主体隧基结构。调整【标高】为【隧基下沿】，载入隧基族并放入标高，放置完成后转换立面视图到北立面，以洞身族为基准对齐隧基，如图 3-54 所示。

7）组装主体仰拱结构。调整【标高】为【仰拱下沿】，载入仰拱族并放入标高，以隧基族为基准调整仰拱位置。再次转换立面视图到东立面，对齐仰拱，如图 3-55 所示。

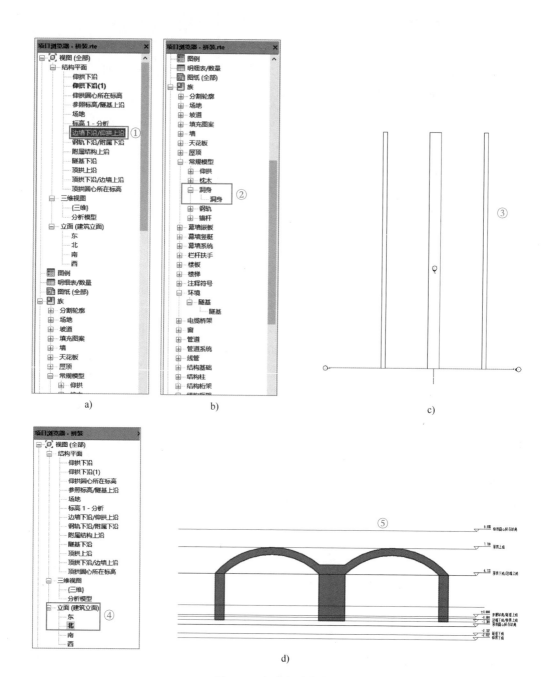

图 3-53　组装洞身结构

a）调整标高　b）载入洞身族　c）放置洞身族　d）调整洞身位置

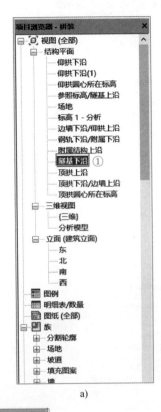

a)

b)

c)

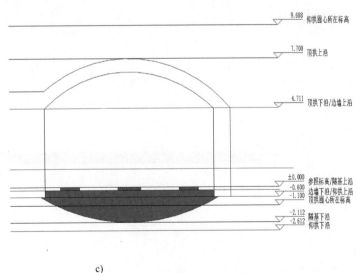

图 3-54　组装隧基结构

a）调整标高　b）载入隧基族　c）调整隧基位置

a)

b)

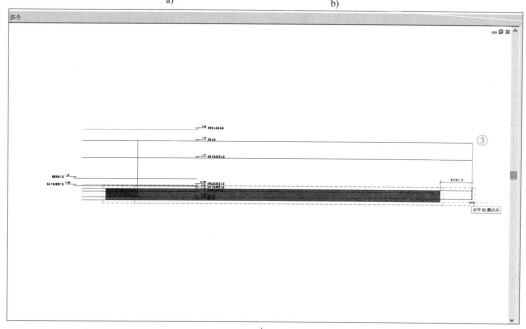

c)

图 3-55　组装仰拱结构

a）调整标高　b）载入仰拱族　c）对齐仰拱

8）组装主体锚杆结构。调整【标高】为【顶拱上沿】，载入锚杆族放入标高，放置完成后进行阵列操作，完成所有锚杆，如图 3-56 所示。

a)

b)

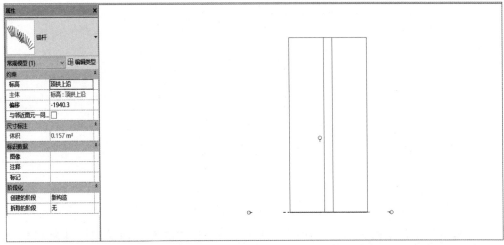

c)

d)

图 3-56　组装锚杆结构

a）调整标高　b）载入锚杆族　c）插入锚杆　d）【阵列】工具

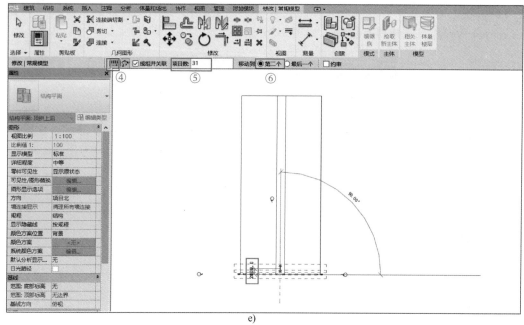

e)

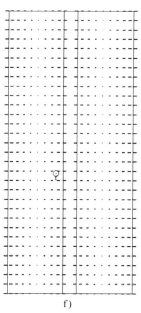

f)

图 3-56　组装锚杆结构（续）

e）阵列操作　f）完成阵列

9）完成双洞主体结构。切换立面视图到北立面，选中隧基和仰拱进行【复制】，复制到另一洞口，完成双洞隧道主体结构拼装，如图 3-57 所示。

10）组装防排水设施、保温层及电缆槽。调整【标高】为【钢轨下沿/附属下沿】（图 3-50），载入附属设施族并放入标高，放置完成，转换立面视图到北立面，以隧基族为基准调整排水沟电缆槽保护层位置。再次转换立面视图到东立面，进行对齐，对齐后使用两次【镜像】功能完成组装，操作如图 3-58、图 3-59 所示。组装后立面如图 3-60 所示。

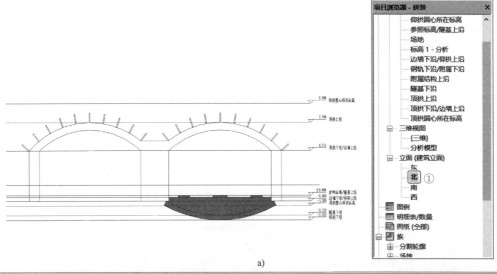

a)

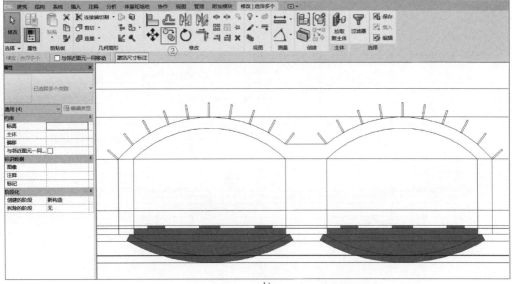

b)

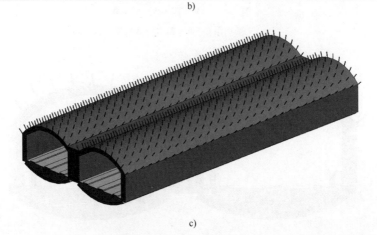

c)

图 3-57　组装主体结构

a）调整视图　b）【复制】工具　c）双洞主体结构

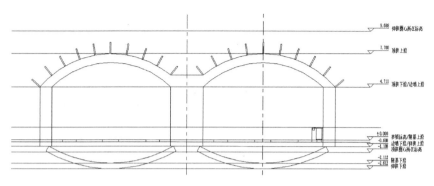

图 3-58　调整视图（隧道整体模型）

a)

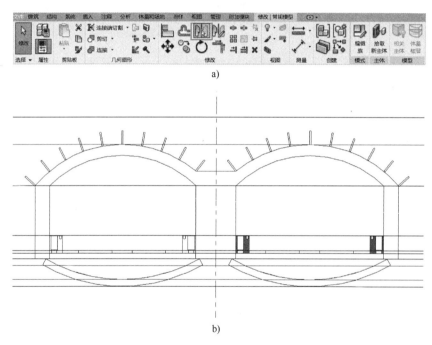

b)

图 3-59　隧道附属结构组装

a）两次镜像　b）两次镜像效果图

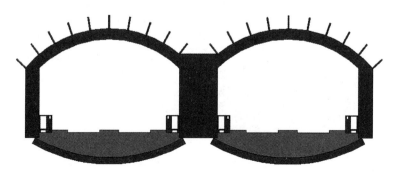

图 3-60　组装后隧道立面图

11）添加材质。对各个族添加材质属性，以洞身为例。工作窗口中选中洞身模型，在【属性】中单击【编辑类型】，在【类型属性】对话框中添加材质属性，在【材质浏览器-土层】对话框中调整【主体洞身材质】为【混凝土，高强度】，勾选【使用渲染外观】同时设置【着色】【表面填充图案】【截面填充图案】等的参数值，单击【确定】完成洞身材质添加，操作如图 3-61 所示。

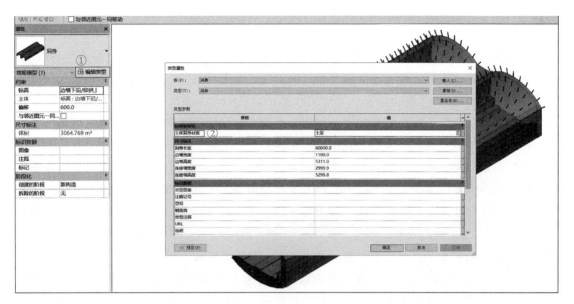

a)

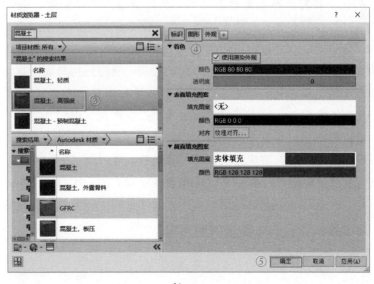

b)

图 3-61　洞身材质

a）编辑洞身材质　b）材质编辑器

■ 3.5 迎难而上，攻坚克难：厦门首条盾构海底隧道

2019 年底，历时 60 个月建设，厦门地铁 2 号线计划开通试运营。该地铁线路为厦门岛到海沧的主干线路，工程全长逾 41km，其中跨海隧道部分全长 2.7km，是国内首条盾构海底隧道。厦门地铁 2 号线的完工，标志着我国海底盾构隧道技术实现了一次重大突破。

厦门地铁 2 号线工程海底隧道建设面临一系列工程、技术、经济、管理等方面的难题，该工程项目的顺利实施，凸显了我国工程技术人员，不畏艰险、不畏困难、不畏挑战的奋斗精神。

厦门地铁 2 号线工程地质结构复杂、施工难度大。尽管我国在跨江隧道领域已取得了一系列进展，如"我国第一条穿越长江的地铁隧道"武汉地铁 2 号线长江隧道、"目前世界最大直径的单洞双层公路隧道"扬州瘦西湖隧道、"国内首条公铁两用长江隧道"武汉三阳路长江隧道等。但厦门地铁 2 号线隧道工程需要贯穿海底，工程难度远超以往水下隧道工程。对此，我国工程建设人员直面挑战，整条跨海隧道累计带压进舱 3000 余次，人工清理孤石超过 1000m³，海上爆破处理孤石超过 2000m³，海底破碎地层土体加固超过 6 万 m³，海底换刀 700 多把……正是工程人员的不懈努力，最终工程圆满完成。

厦门地铁 2 号线跨海隧道工程还面临施工调度方面的极大挑战。由于厦门地铁 2 号线是一条干线线路，所处区域为厦门最为繁忙的海上运输通道，所以施工区域每年有大量船只通行。这导致场地勘察、钻探等外业工作只能从紧张的海运通航时刻表中寻找转瞬即逝的"窗口时段"。为此，政府及各相关建设部门每周都召集海事、航道、港口、码头等多家单位开会协调，通过各方耐心细致的协作，最终顺利完成了初期的勘察工作。这也体现出我国社会主义制度优势和集中力量办大事的能力。

厦门地铁 2 号线项目还面临施工工艺方面的挑战。厦门盾构海底隧道运用了众多以科技创新为支撑的新技术、新工艺、新材料，集中反映了我国几十年来隧道研究发展的优异成果。设计施工人员集思广益，对于工程的每一项要点，都积极组织开展了专题研究和风险调查梳理工作，进行科研攻关和专家咨询。工程共采用了新技术、新工艺 20 多项，为中国建设海底盾构隧道、攻克复杂地质难题积累了宝贵经验。

厦门地铁 2 号线跨海隧道工程，不仅是我国基建能力的一次小小证明，更是我国建设从业人员迎难而上、攻坚克难的精神写照。未来，期待更多工程案例写在祖国大地上，写在一带一路上。

课后题

1. 【实操】：参照 3.3.1 节中防排水设施参数化方法，进行钢轨枕木参数化。
2. 【实操】：参照 3.4 节中主体结构拼装方法，拼装钢轨族和枕木族。
3. 【实操】：由表 3-1，对隧道其他材质进行设置。

表 3-1 材质表

部件	材质
仰拱	混凝土，高强
隧基	碎石
锚杆	钢，高强度，低合金
排水沟电缆槽	混凝土，轻质
钢轨和枕木	低碳钢

第4章 汽车客运中心数字化模型

本章内容提要：

交通枢纽是国家或区域交通运输系统的重要组成部分，是不同运输方式的交通网络运输线路的交汇点，是由若干种运输方式所连接的固定设备和移动设备组成的整体，共同承担着枢纽所在区域的直通作业、中转作业、枢纽作业以及城市对外交通的相关作业等功能。汽车客运中心是典型的交通枢纽，是旅客换乘、集散的重要场所。本章将以汽车客运中心作为案例，按照主体部分、附属部分两部分详解汽车客运中心 BIM 模型建立流程与技巧，并详解自定义明细表的创建过程。其中，4.1 节介绍汽车客运中心项目概况和建模思路；4.2 节介绍项目创建以及标高轴网的绘制；4.3 节介绍客运中心主体结构的建模，包括建筑柱、建筑墙和楼板的建模；4.4 节介绍客运中心楼梯、幕墙、门窗、屋顶和停车场等附属构件的建模；4.5 节介绍自定义明细表的创建和导出方法；4.6 节以深圳福田地下综合交通枢纽为例，简要地介绍了我国如今在城市交通枢纽规划建设领域所取得的重大成就。

学习要点：

1. 了解项目创建以及标高轴网的绘制。
2. 掌握系统族的载入、族的重命名以及族材料和部件的编辑。
3. 掌握客运中心楼板、楼梯以及屋顶的边界绘制。
4. 熟练掌握阵列、复制和镜像等操作，快速绘制出客运中心的停车场等部分。

■ 4.1 项目概况和建模思路

4.1.1 项目概况

本章以汽车客运中心（简称，客运中心）为例，进行建筑结构的三维建模操作说明。

该客运中心有两层，总长约 115m，宽约 35m，中部屋顶离地面最高约 10.65m。该枢纽站的墙体采用厚度为 200mm 和 300mm 两种现浇混凝土墙，柱子采用截面为 600mm×600mm 和 400mm×400mm 的建筑柱。楼板和屋檐板采用厚度 400mm 的钢筋混凝土板，客运中心三维效果如图 4-1 所示。

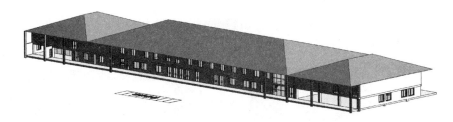

图 4-1　客运中心三维效果

4.1.2　建模思路

客运中心采用建筑流程建模，分为主体部分建模、附属部分建模和明细表导出三部分工作。主体结构部分包括建筑柱、建筑墙和楼板；附属构件分为楼梯、门窗、幕墙、屋顶和停车位，楼梯采用 Revit 软件自带的整体浇筑楼梯模板进行建立，幕墙使用软件自带玻璃幕墙模板进行建模，门窗采用 Revit 自带的单嵌板玻璃门、双扇平开窗进行建立，屋顶采用迹线屋顶方式绘制而成，停车位通过载入停车位族方式建立；明细表部分采用自建明细表自动导出。客运中心整体建模思路如图 4-2 所示。

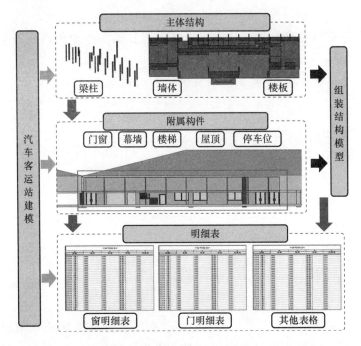

图 4-2　客运中心整体建模思路

■ 4.2 项目创建及标高轴网绘制

4.2.1 项目创建

1）新建建筑样板。打开【Revit】，在项目部分单击【新建】，选择【建筑样板】作为样板文件，单击【确定】完成项目文件的创建，如图 4-3 所示。

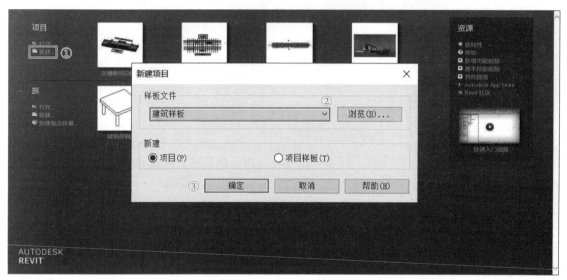

图 4-3 项目样板选择（客运中心）

2）设置单位。在【管理】工具栏中单击【设置】选项卡中的【项目单位】，如图 4-4 所示。打开【项目单位】选项卡，设置当前项目的长度单位为 mm，面积单位为 m^2，体积单位为 m^3，质量密度单位为 kg/m^3，单击【确定】按钮完成项目单位设置，设置单位的步骤如图 4-5 所示。

图 4-4 【管理】工具栏→【设置】

4.2.2 设置标高轴网

标高在 Revit 建模中有着非常重要的作用，Revit 建模中很多图元的定位都需要依靠标高来进行，轴网可以配合标高对所建构件进行具体定位。标高与轴网二者的编号样式都可以在操作中修改。

1）客运中心标高绘制步骤。首先绘制标高，在【项目浏览器-交通枢纽总楼（3）】中选择【立面】→【东】，切换视图到东立面。在【建筑】工具栏中选择【标高】工具。打开【修改|放置 标高】工具栏，在属性栏中设置【偏移】为 0.0，将标高 1 删除，参照标高 1

位置相继按照 CAD 图纸新建标高 2 到标高 6。客运中心剖面图如图 4-6 所示，绘制标高的步骤如图 4-7 和图 4-8 所示。

图 4-5 设置项目单位（客运中心）

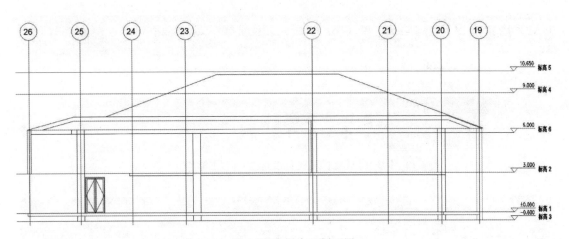

图 4-6 客运中心剖面图

图 4-7 【建筑】工具栏→【标高】（客运中心）

2）客运中心轴网绘制步骤。在【项目浏览器-交通枢纽总楼（3）】下切换视图到标高 1。在【建筑】工具栏中选择【轴网】工具，如图 4-9 所示。进入绘图模式，并选择【线】，如图 4-10 所示。使用【阵列】命令来完成等间距轴线的绘制。在【修改|轴网】工具栏中，选择【阵列】工具，单击第一条轴线，在项目数中输入阵列数为 9，阵列排布方式选择【线性】，选择一个端点，输入距离为 7800，完成阵列操作，如图 4-11 所示。

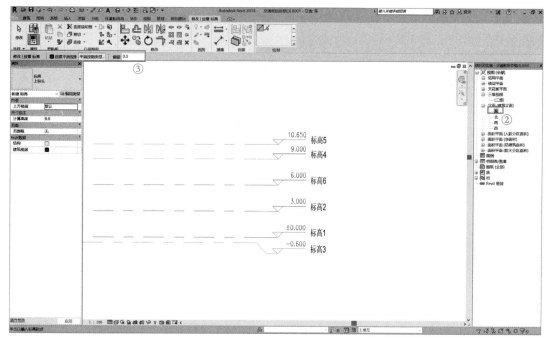

图 4-8 客运中心标高绘制

图 4-9 【建筑】工具栏→【轴网】（客运中心）

图 4-10 【修改 | 放置 轴网】工具栏→【线】（客运中心）

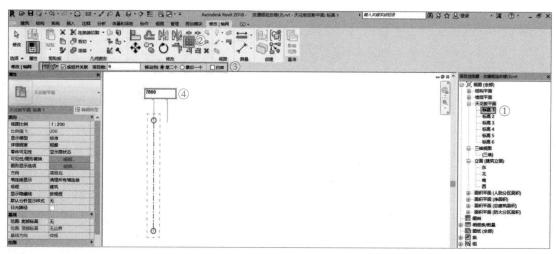

图 4-11 轴网阵列操作（客运中心）

绘制完成的轴网如图 4-12 所示。

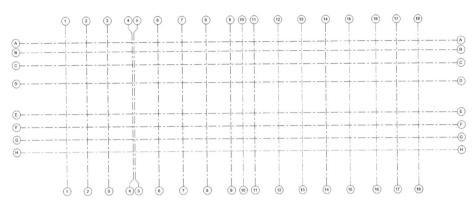

图 4-12　绘制完成的轴网（客运中心）

■ 4.3　主体结构建模

客运中心的主体结构包括柱、墙和楼板三部分，这三者起着承重、围护和分隔空间的作用。客运中心建筑墙分别采用了 300mm 和 200mm 两种厚度；建筑楼板采用 Revit 自带常规 400mm 楼板，以下介绍具体建模流程。

4.3.1　柱构件

1）载入矩形柱族文件。在【建筑】工具栏中的【构建】选项卡中打开【柱】工具下拉列表，选择【柱：建筑】，如图 4-13 所示；打开【修改|放置 柱】工具栏，选择【模式】栏中的【载入族】，如图 4-14 所示；打开【载入族】对话框，选择【矩形柱】族文件，单击【打开】按钮，载入族文件，操作步骤如图 4-15 所示。

图 4-13　【建筑】工具栏→【柱】→【柱：建筑】（客运中心）

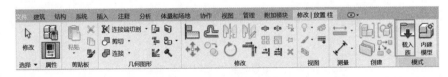

图 4-14　【修改|放置　柱】工具栏→【载入族】（客运中心）

2）修改柱的名称。在【属性】面板中单击【编辑类型】按钮，进入【类型属性】对话框，单击【复制】按钮，将名称分别改为【柱1】【柱2】，连续单击【确定】按钮，完成柱1、柱2的重命名，操作步骤如图 4-16 所示。

3）修改柱 1 的属性。单击【属性】面板中的【编辑类型】，进入【类型属性】对话框，设置深度为 400.0，宽度为 400.0，颜色设置为黑色，材质为现浇混凝土，操作步骤如图 4-17 所示。

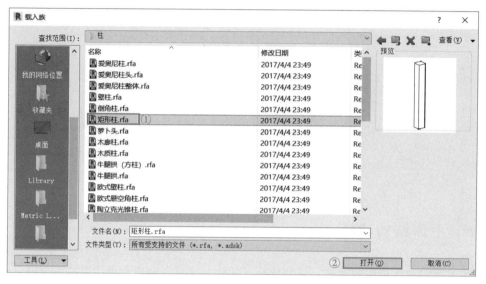

图 4-15　载入【矩形柱】族文件（客运中心）

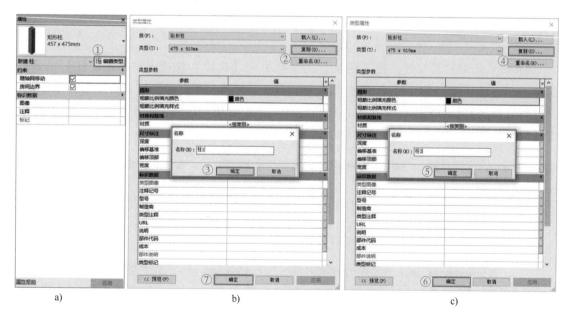

a)　　　　　　　　　　　　　b)　　　　　　　　　　　　　c)

图 4-16　矩形柱重命名（客运中心）

a）编辑柱类型　b）柱 1 命名　c）柱 2 命名

4）放置矩形柱 1。在【项目浏览器-交通枢纽总楼（3）】下切换视图到标高 1，打开【修改|放置　柱】工具栏，选择【高度】为【标高 2】，设置矩形柱 1 顶部高度为标高 2，勾选【随轴网移动】和【房间边界】，参照 CAD 图纸完成矩形柱 1 的放置。操作步骤如

图 4-18，布置完成的柱 1 如图 4-19 所示。

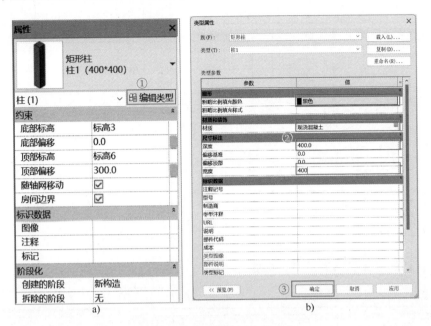

图 4-17　修改柱属性（客运中心）

a）编辑柱类型　b）设置类型参数

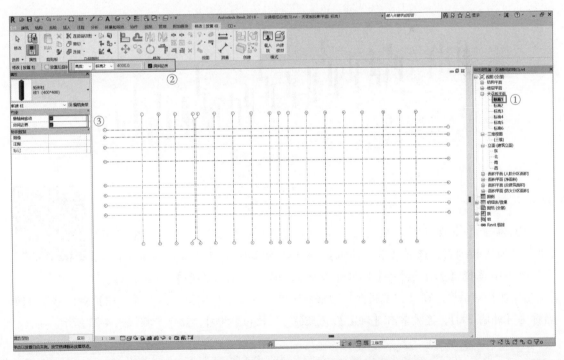

图 4-18　放置矩形柱（客运中心）

布置完成的柱 2 如图 4-20 所示。客运中心柱三维视图如图 4-21 所示。

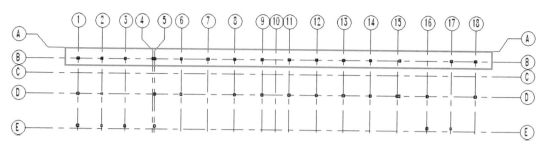

图 4-19　按照 CAD 图纸布置柱 1（客运中心）

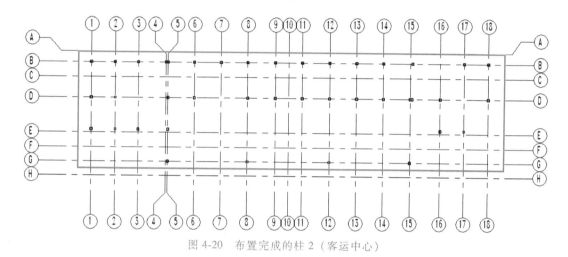

图 4-20　布置完成的柱 2（客运中心）

图 4-21　客运中心柱三维视图

4.3.2　墙构件

1）新建【外墙-300】。在【建筑】工具栏中的【构建】选项卡中打开【墙】工具下拉列表，选择【墙：建筑】，操作步骤如图 4-22 所示。在属性面板下拉列表中选择【基本墙】→【300mm 厚墙】，单击【编辑类型】按钮，打开【类型属性】对话框，在【类型属性】对话框中单击【复制】按钮，弹出【名称】对话框，修改名称为【外墙-300】，连续单击【确定】，完成新建【外墙-300】，操作步骤如图 4-23 所示。

墙构件

图 4-22　【建筑】工具栏→【墙】→【墙：建筑】（客运中心）

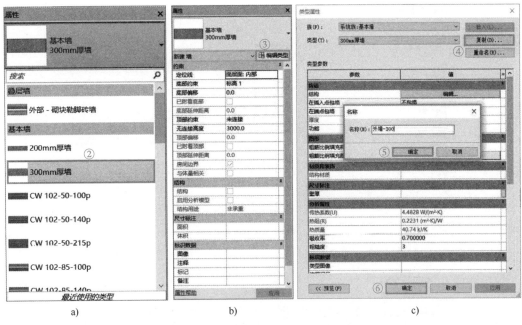

图 4-23　基本墙重命名（客运中心）

a）选择墙类型　b）编辑墙类型　c）重命名基本墙

2）编辑【外墙-300】的结构和材质。单击【类型属性】对话框的【编辑】按钮，打开【编辑部件】对话框；单击【结构】栏【材质】框中的【...】按钮，打开【材质浏览器】对话框，选择【现浇混凝土】材质。设置厚度为290。单击【插入】按钮，插入【面层2［5］】，单击【向上】按钮，将其调整到第一栏，然后设置材质为【5mm 厚涂料】，再打开【材质浏览器】对话框，更改【5mm 涂料】和【现浇混凝土】表面和截面填充图案的颜色，最后设置【面层2［5］】厚度为5。用相同的方法，设置其他层，连续单击【确定】按钮，完成【外墙-300】的结构和材质设置。操作步骤如图 4-24~图 4-27 所示。

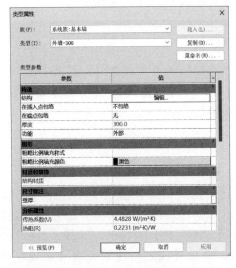

图 4-24　【外墙-300】类型属性（客运中心）

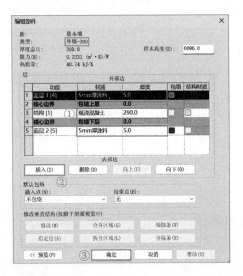

图 4-25　【外墙-300】编辑部件（客运中心）

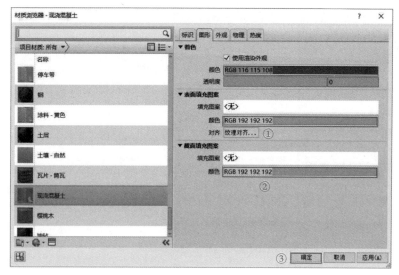

图 4-26　现浇混凝土颜色设置（客运中心）

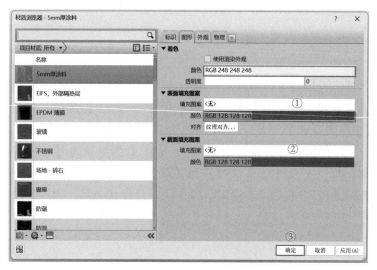

图 4-27　涂料颜色设置（客运中心）

3）放置【外墙-300】。切换视图到标高1，在【属性】面板中设置【定位线】为【面层面：内部】，【底部约束】为【标高1】，【顶部约束】为【未连接】，【无连接高度】为3000。勾选【链】并编辑其【偏移】为0，操作步骤如图4-28所示。

完成后的客运中心外墙三维视图如图4-29所示。

4.3.3　楼板构件

1）新建【常规-一楼地板】。在【建筑】工具栏中的【构建】选项卡中打开【楼板】工具下拉列表，选择【楼板：建筑】，如图4-30所示。在【属性】面板的下拉列表中选择【常规楼板-400mm】，单击【编辑类型】按钮，打开【类型属性】对话框，单击【复制】按钮，弹出【名称】对话框，输入【常规-一楼地板】，单击【确定】按钮完成【常规-一楼地板】的创建，操作步骤如图4-31所示。

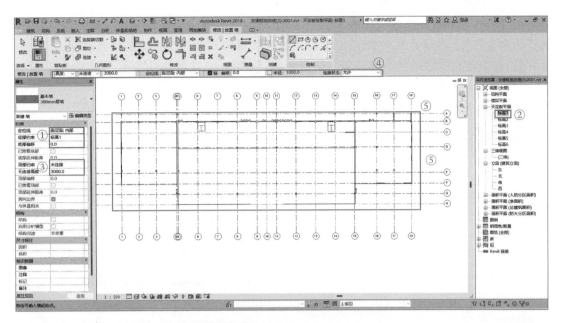

图 4-28　放置外墙（客运中心）

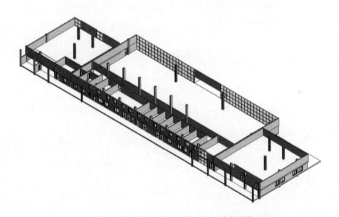

图 4-29　客运中心外墙三维视图

图 4-30　【建筑】工具栏→【楼板】→【楼板：建筑】（客运中心）

2）编辑【常规-一楼地板】属性。在【类型属性】对话框中单击【编辑】按钮，打开【编辑部件】对话框，单击【插入】按钮，即可插入新的层；将该层命名为【面层1［4］】，材质选择【5mm 厚涂料】材质，厚度为 5.0；【结构1】材质选用【现浇混凝土】，厚度为390.0；再次插入【面层2［5］】，材质选择【5mm 厚涂料】，厚度为 5.0，单击【确定】按钮，操作步骤如图 4-32 所示。

3）绘制楼板。在【项目浏览器-交通枢纽总楼（3）】中切换视图到标高1，在【建筑】工具栏中选择【楼板】工具，选择【绘制】工具栏中的【边界线】工具和【拾取墙】工具，在【属性】面板中设置【标高】为【标高1】，设置【自标高的高度偏移】为0.0，勾选【房间边界】。在属性栏中设置楼板边缘的偏移量为0.0，勾选【延伸到墙中（至核心层）】，拾取墙时拾取墙的边界位置，最后单击【✔】，完成楼板的绘制，如图4-33所示。完成后的客运中心楼板平面布置如图4-34所示。

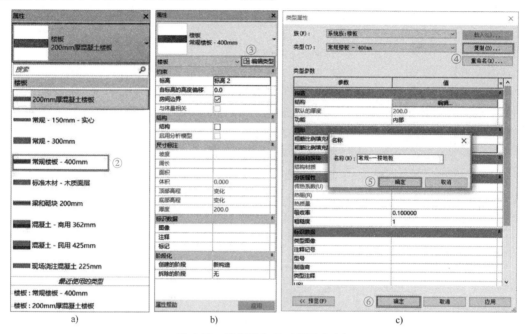

图4-31　楼板重命名（客运中心）

a）选择楼板类型　b）编辑楼板类型　c）重命名楼板

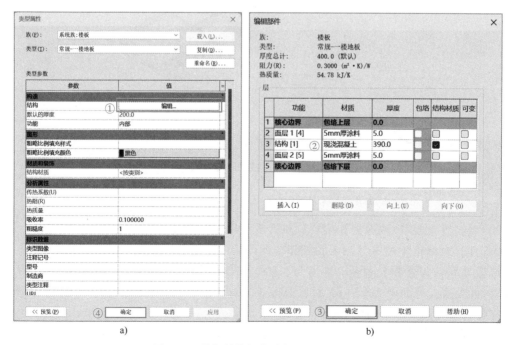

图4-32　楼板结构部件编辑（客运中心）

a）楼板类型属性　b）编辑楼板结构

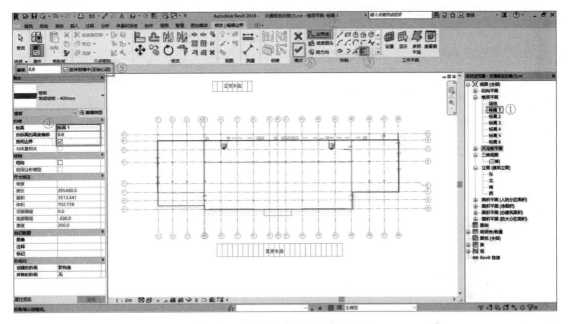

图 4-33 绘制楼板边界（客运中心）

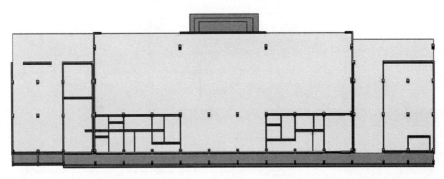

图 4-34 客运中心楼板平面布置图

■ 4.4 附属构件建模

客运中心附属构件分为楼梯、幕墙、门窗、屋顶和停车场五部分。其中，楼梯为整体浇筑楼梯并配 900mm 扶手，采用 Revit 自带族建模；幕墙采用系统自带玻璃幕墙建模，幕墙网格额外进行绘制；客运中心门窗全部采用 Revit 自带门窗族建模；屋顶为二面坡屋顶形式，采用迹线屋顶绘制；停车场采用软件自带停车位族建立。

4.4.1 楼梯构件

绘制楼梯构件的具体操作步骤如下：

1）选择楼梯类型并设置楼梯尺寸和放置参数。在【建筑】工具栏中的【楼梯坡道】选项卡中选择【楼梯】，打开【修改|创建楼梯】工具栏，如图 4-35 所示；选择【工具】选项

卡中的【栏杆扶手】工具，如图 4-36 所示；打开【栏杆扶手】对话框，在类型下拉列表中选择【900mm 圆管】，位置选择【踏板】，单击【确定】按钮完成扶手设置，如图 4-37 所示。在【属性】面板的下拉列表中选择【现场浇筑楼梯】→【整体浇筑楼梯】，单击【编辑类型】按钮，打开【类型属性】对话框，设置最大踢面高度为 180.0，最小踏板深度为 240.0，最小梯级宽度为 1200.0，操作步骤如图 4-38 所示。

图 4-35 【建筑】工具栏→【楼梯】（客运中心）

图 4-36 【修改|创建楼梯】工具栏→【栏杆扶手】（客运中心）

图 4-37 设置栏杆扶手材料和位置（客运中心）

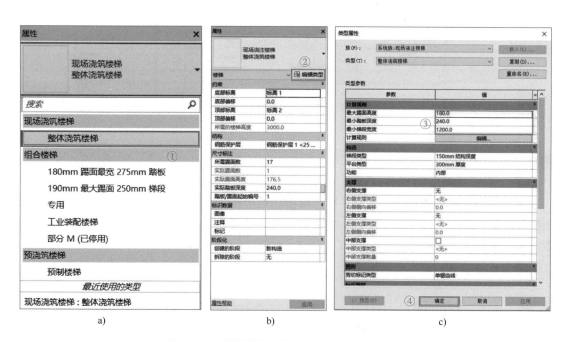

图 4-38 选择楼梯类型并设置参数（客运中心）

a）选择楼梯类型　b）编辑楼梯属性　c）设置楼梯参数

2）放置楼梯。在【项目浏览器-交通枢纽总楼（3）】下切换视图到标高 1，打开【修改|创建楼梯】工具栏，选择【构件】选项卡中的【梯段】工具和【直梯】工具，在属性栏中设置【定位线】为【梯段：中心】，【偏移】为 0.0，【实际梯段宽度】为 1200.0，并勾选【自动平台】复选框，绘制楼梯路径，单击【✔】完成楼梯的绘制，操作步骤如图 4-39 所示。

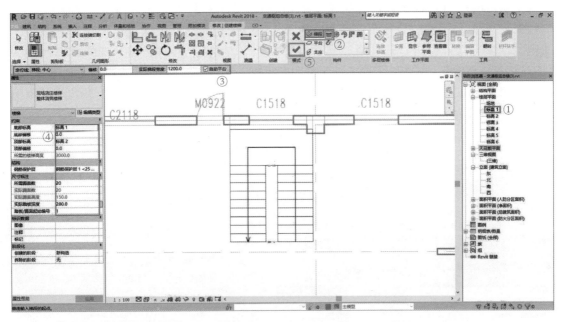

图 4-39 绘制楼梯（客运中心）

完成后客运中心楼梯如图 4-40 所示。

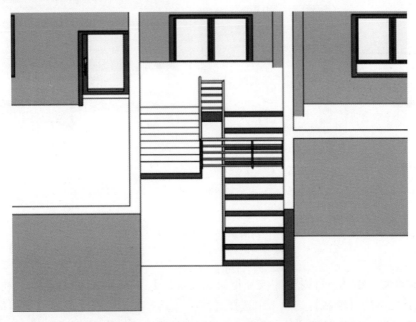

图 4-40 客运中心楼梯

4.4.2 幕墙构件

绘制幕墙的具体操作步骤如下：

1）选择幕墙类型并编辑类型属性。在【建筑】工具栏中的【构建】选项卡中选择【墙】工具，如图4-41所示。在【属性】面板下拉列表中选择【玻璃幕墙】，【底部约束】选择【标高1】，【底部偏移】为0.0，【顶部约束】选择【未连接】，【无连接高度】为6310.6，勾选【房间边界】。

幕墙构件

单击【编辑类型】按钮打开【类型属性】对话框，勾选【自动嵌入】，选择幕墙嵌板为【系统嵌板：玻璃】，连接条件为【边界和垂直网格连续】，垂直网格和水平网格的【布局】均为【固定距离】，【间距】均为3000.0，垂直竖梃和水平竖梃的【内部类型】均为【圆形竖梃：50mm半径】，单击【确定】按钮完成编辑，操作步骤如图4-42所示。

图4-41 【建筑】工具栏→【墙】（客运中心）

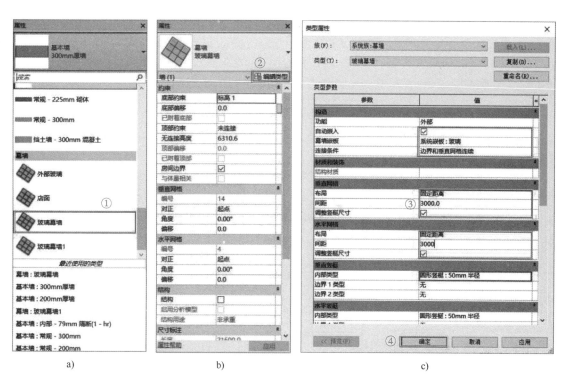

a)　　　　　　　　　　b)　　　　　　　　　　c)

图4-42 选择幕墙类型并编辑类型属性（客运中心）

a）选择幕墙类型 b）编辑幕墙属性 c）设置幕墙参数

2）绘制幕墙。在【项目浏览器-交通枢纽总楼（3）】下切换视图到标高1，在【修改|放置 墙】工具栏中的【绘制】选项卡中选择【线】工具，在属性栏中设置【无连接高度】为3000.0，勾选【链】并将偏移设置为0.0，绘制初步的幕墙，操作步骤如图4-43所示。

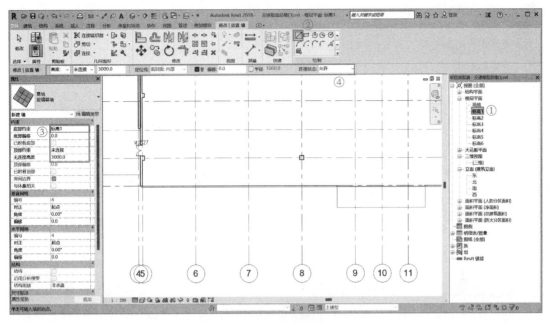

图 4-43　绘制幕墙（客运中心）

初步绘制完成的客运中心幕墙视图如图 4-44 所示。

图 4-44　初步绘制完成的客运中心幕墙视图

3）绘制幕墙网格。在【项目浏览器-交通枢纽总楼（3）】中切换视图到三维视图并找到幕墙，在【建筑】工具栏中的【构建】选项卡中选择【幕墙网格】工具，如图 4-45 所示。打开【修改|放置　幕墙网格】工具栏，在【放置】选项卡中选择【全部分段】工具，在幕墙上绘制网格线，自动捕捉两条竖梃之间的中心线，完成幕墙网格创建，操作步骤如图 4-46 所示。

图 4-45　【建筑】工具栏→【幕墙网格】（客运中心）

完成后客运中心幕墙视图如图 4-47 所示。

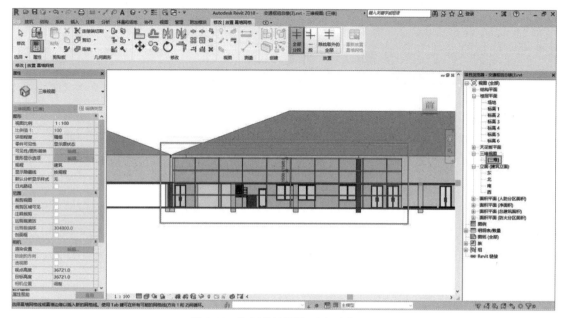

图 4-46　绘制幕墙网格（客运中心）

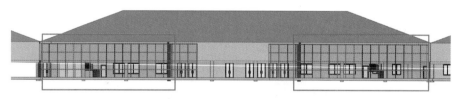

图 4-47　客运中心幕墙视图

4.4.3　门窗构件

1. 门的布置

布置门的具体操作步骤如下：

1）载入门。在【建筑】工具栏中的【构建】选项卡中选择【门】工具，如图 4-48 所示。打开【修改|放置　门】工具栏，在【模式】选项卡中选择【载入族】工具，如图 4-49 所示。在【建筑】→【门】→【普通门】→【平开门】→【单扇】的路径下的文件夹中选择【单嵌板玻璃门 1】，单击【打开】按钮载入【单嵌板玻璃门 1】族，操作步骤如图 4-50 所示。

图 4-48　【建筑】工具栏→【门】（客运中心）

图 4-49　在【修改|放置　门】工具栏→【载入族】（客运中心）

图 4-50　载入【单嵌板玻璃门 1】族（客运中心）

2）新建【M0922】并设置参数。在【属性】面板中单击【编辑类型】按钮，打开【类型属性】对话框，单击【复制】按钮，弹出【名称】对话框，编辑名称为【M0922】，单击【确定】完成新建【M0922】，并在【类型属性】对话框中设置把手材质为【金属-铝-白色】，设置门的宽度为 900.0，高度为 2200.0，单击【确定】完成【M0922】的参数设置，操作步骤如图 4-51 所示。

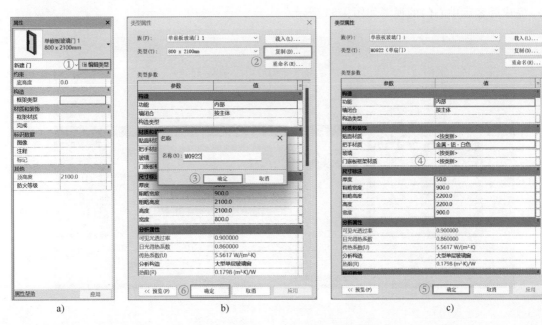

图 4-51　新建【M0922】并设置参数

a）选择门类型　b）编辑门属性　c）设置门参数

3）放置门。在【项目浏览器-交通枢纽总楼（3）】下切换视图到标高 1，在【属性】

面板中输入【底高度】为 50.0，将门拖动至指定位置 Revit 将自动剪切出洞口并放置门，操作步骤如图 4-52 所示。

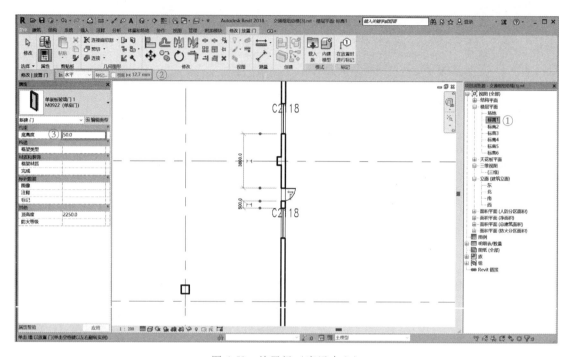

图 4-52　放置门（客运中心）

完成后客运中心门的视图如图 4-53 所示。

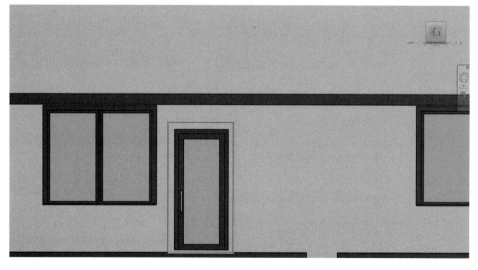

图 4-53　客运中心门的视图

2. 窗的布置

布置窗的具体操作步骤如下：

1）载入窗。在【建筑】工具栏中的【构建】选项卡中选择【窗】工具，如图 4-54 所

示。打开【修改|放置 窗】工具栏，在【模式】选项卡中选择【载入族】工具，如图 4-55 所示。在【建筑】→【窗】→【普通窗】→【平开窗】路径下选择【双扇平开-带贴面】，单击【打开】将窗双扇平开-带贴面族载入，如图 4-56 所示。

图 4-54　【建筑】工具栏→【窗】（客运中心）

图 4-55　【修改|放置 窗】工具栏→【载入族】

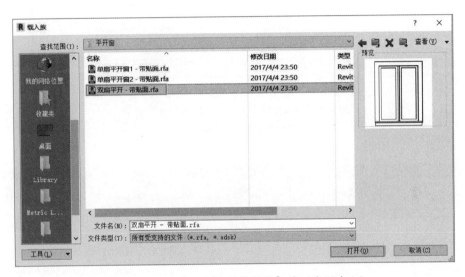

图 4-56　载入【双扇平开-带贴面】族（客运中心）

　　2）新建【C2118（窗）】并设置参数。在【属性】面板中单击【编辑类型】，进入【类型属性】对话框中；同理，将窗重新命名为【C2118（窗）】，设置高度和宽度分别为 1800.0 和 2100.00，把手材质选择【金属-铝-白色】，单击【确定】完成参数设置，如图 4-57 所示。

　　3）放置窗。在【项目浏览器-交通枢纽总楼（3）】下将视图切换到标高 1，在【属性】面板的下拉列表中选择【C2118（窗）】，设置【底高度】为 901.0，将窗拖动到指定位置，Revit 将自动剪切出洞口并放置窗，如图 4-58 所示。

　　完成后客运中心窗视图如图 4-59 所示。

4.4.4　屋顶构件

　　绘制屋顶的具体操作步骤如下：

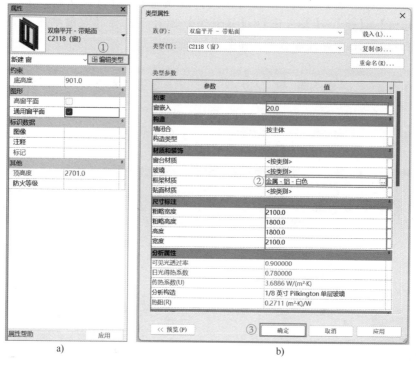

图 4-57　编辑【C2118（窗）】的尺寸和材质

a）编辑窗属性　b）设置窗参数

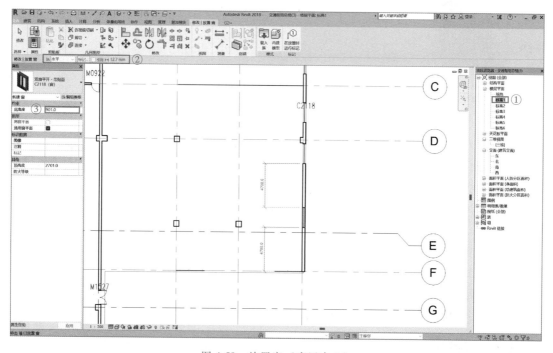

图 4-58　放置窗（客运中心）

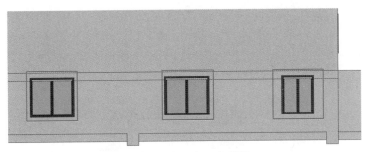

图 4-59　客运中心窗视图

1）编辑屋顶属性。在【建筑】工具栏中的【构建】选项卡中打开【屋顶】工具的下拉列表，选择【迹线屋顶】工具，如图 4-60 所示。打开【修改|创建屋顶迹线】工具栏，在【属性】面板的下拉列表中选择【保温屋顶-混凝土】，【底部标高】选择【标高1】，勾选【房间边界】，【自标高的底部偏移】为 0.0。单击【编辑类型】按钮，进入【类型属性】对话框，设置颜色、传热系数、热阻、热质量、吸收率、粗糙度等参数的数值，如图 4-61所示。单击【编辑】进入【编辑部件】对话框，选择结构层材质为【现浇混凝土】，厚度为 180.0；插入【面层 1［4］】，材质为沥青，厚度 20；插入【保温层/空气层［3］】，材质为刚性隔热层，厚度为 40.0；单击【确定】完成对屋顶结构层的编辑，如图 4-62 所示。

图 4-60　【建筑】工具栏→【屋顶】→【迹线屋顶】（客运中心）

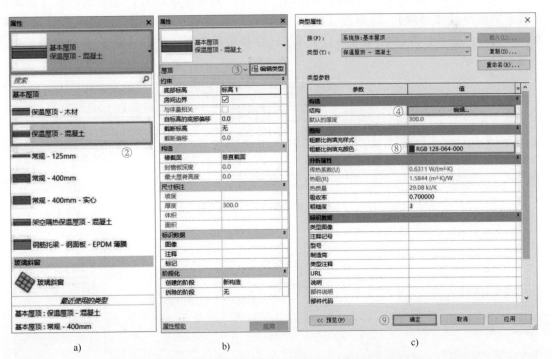

a)　　　　　　　　　　b)　　　　　　　　　　c)

图 4-61　选择屋顶类型并编辑类型（客运中心）

a）选择屋顶类型　b）编辑屋顶属性　c）设置屋顶参数

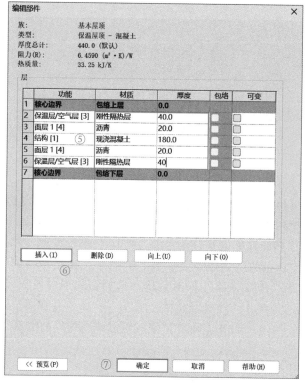

图 4-62　编辑屋顶结构部件（客运中心）

2）放置屋顶。切换视图到标高 6，打开【修改│创建屋顶迹线】工具栏，在【绘制】选项卡中选择【边界线】，再单击【线】，在属性栏和【属性】面板中分别勾选【定义坡度】和【房间边界】并设置【偏移】为 0.0，绘制屋顶轮廓，单击【✓】完成屋顶绘制，如图 4-63 所示。

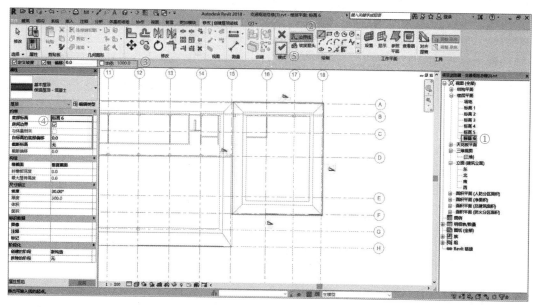

图 4-63　绘制屋顶轮廓（客运中心）

完成后客运中心屋顶三维视图如图 4-64 所示。

4.4.5　停车场

绘制停车位的具体步骤如下：

1）载入停车场族。在【体量和场地】工具栏中的工场地建模选项卡中选择【停车场构件】工具，如图 4-65 所示。打开【修改|停车构件】工具栏，在【模式】选项卡中选择【载入族】工具，如图 4-66 所示。在【建筑】→【场地】→【停车】

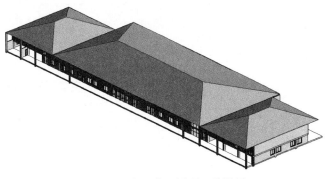

图 4-64　客运中心屋顶三维视图

路径下选择【停车位】族，单击【打开】将其载入，如图 4-67 所示。

图 4-65　【体量和场地】工具栏→【停车场构件】（客运中心）

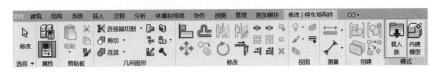

图 4-66　【修改|停车场构件】工具栏→【载入族】（客运中心）

图 4-67　载入【停车位】族（客运中心）

2）新建【公交车位】并设置参数。单击【属性】面板中的【编辑类型】按钮，打开【类型属性】对话框，单击【复制】按钮弹出【名称】对话框，输入名称为【公交车位】，单击【确定】完成新建【公交车位】，编辑停车位长度为 4800.0，宽度为 2400.0，单击【确定】按钮完成参数设置，如图 4-68 所示。

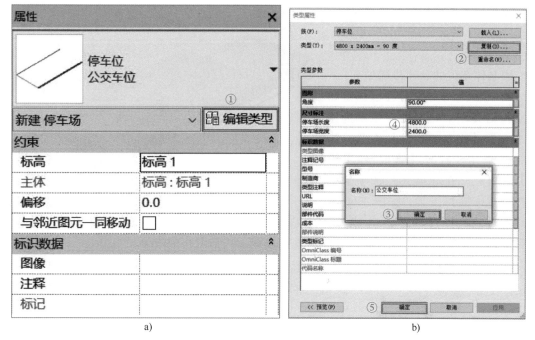

a)　　　　　　　　　　　　　　　　　　b)

图 4-68　重命名停车位并编辑类型（客运中心）

a）编辑停车位　b）重命名停车位

3）放置停车位。在【项目浏览器-交通枢纽总楼（3）】下切换视图到标高 1，打开【修改|停车场】工具栏，在【属性】面板中将【标高】设置为【标高 1】，勾选属性栏上的【与邻近图元一同移动】，然后放置公交车位，如图 4-69 所示。对于剩余的停车位采用阵列方式，在【修改|停车场】工具栏中单击【阵列】，【项目数】输入 9，选中移动到【第二个】，输入距离为 6000，回车完成阵列，如图 4-70 所示。

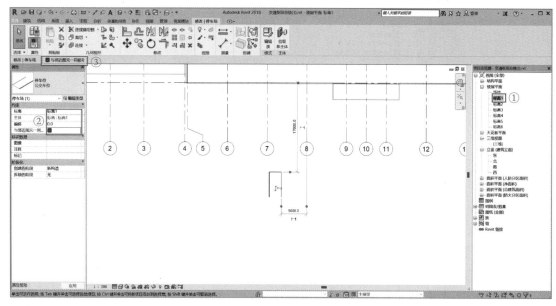

图 4-69　放置停车位（客运中心）

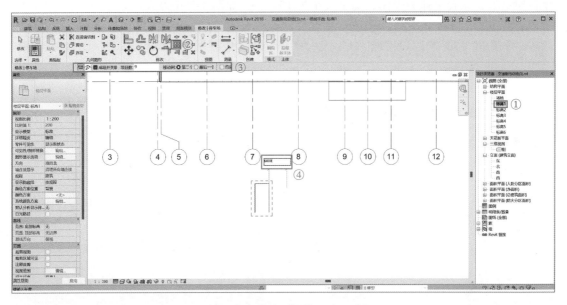

图 4-70 停车位阵列操作（客运中心）

完成后客运中心停车场如图 4-71 所示。

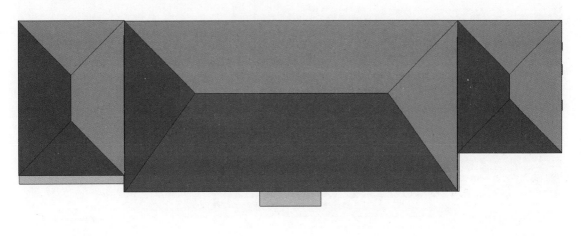

图 4-71 客运中心停车场

4）添加模型文字。在【项目浏览器-交通枢纽总楼（3）】下切换视图到标高 1，在【建筑】工具栏中的【模型】栏中选择【模型文字】工具，如图 4-72 所示。打开【编辑文字】对话框，输入文字【公交车位】，单击【确定】按钮完成编辑模型文字，将其放在选取的平面上，如图 4-73a 和图 4-74 所示。单击【属性】面板上的【编辑类型】，打开【类型属性】对话框，设置字体为宋体，文字大小为 1500.0，如图 4-73b 所示。

图 4-72 【建筑】工具栏→【模型文字】（客运中心）

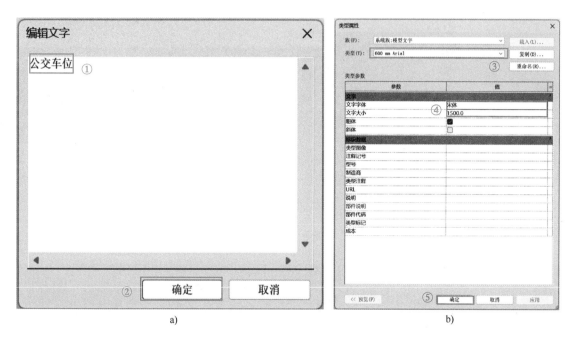

图 4-73 编辑文字及类型属性（客运中心）
a）编辑文字 b）文字属性

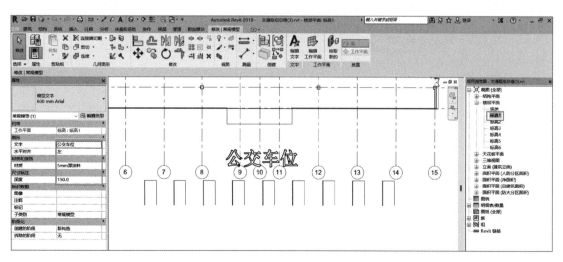

图 4-74 放置模型文字（客运中心）

完成后客运中心三维视图，如图 4-75 所示。

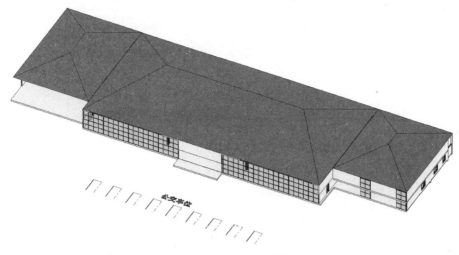

图 4-75　客运中心三维视图

■ 4.5　导出明细表

明细表是指可以在图形中插入，用以列出建筑模型中的选定对象相关信息的表。Revit 项目浏览器可自动生成各种构件的明细表，操作流程如下：

1）新建明细表。右击【项目浏览器】中的【明细表/数量】，单击【新建明细表/数量】，打开【新建明细表】对话框，在【类别】中选择【窗】，【名称】编辑为【窗明细表】，勾选【建筑构件明细表】后单击【确定】进入【明细表属性】对话框，如图 4-76 所示。在【可用的字段】中选择【类型】【高度】【宽度】【标高】和【顶高度】，通过添加参数按钮放入【明细表字段】中，通过上移、下移参数按钮对所选参数进行排序，如图 4-77 所示。单击【确定】生成自定义窗明细表，见表 4-1。同理生成门明细表，见表 4-2。

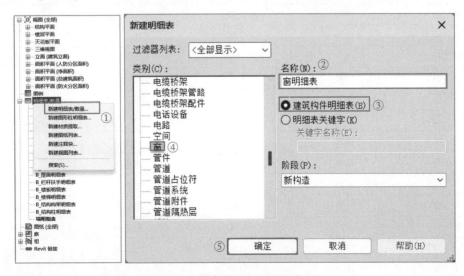

图 4-76　新建明细表（客运中心）

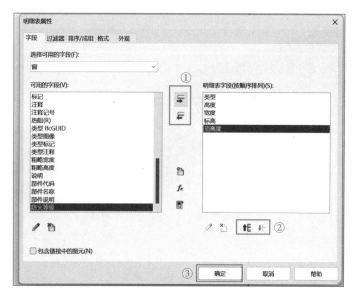

图 4-77 选择字段（客运中心）

表 4-1 自定义窗明细表 （单位：mm）

类型	高度	宽度	标高	顶高度
C1518（窗）	1800	1500	标高 3.00	2701
C1518（窗）	1800	1500	标高 3.00	2701
C1518（窗）	1800	1500	标高 3.00	2701
C1518（窗）	1800	1500	标高 3.00	2701
C1518（窗）	1800	1500	标高 3.00	2701
C1518（窗）	1800	1500	标高 3.00	2701
C1518（窗）	1800	1500	标高 3.00	2701
C1518（窗）	1800	1500	标高 3.00	2701
C1518（窗）	1800	1500	标高 3.00	2701
C1518（窗）	1800	1500	标高 3.00	2701
C1518（窗）	1800	1500	标高 3.00	2701
C2118（窗）	1800	2100	标高 3.00	2701
C1518（窗）	1800	1500	标高 3.00	2701
C1518（窗）	1800	1500	标高 3.00	2701
C2118（窗）	1800	2100	正负 0	2500
C2118（窗）	1800	2100	正负 0	2500
C2118（窗）	1800	2100	正负 0	2500
C2118（窗）	1800	2100	正负 0	2500
C2118（窗）	1800	2100	正负 0	2500
C2118（窗）	1800	2100	正负 0	2500
C2118（窗）	1800	2100	正负 0	2500

表 4-2　自定义门明细表　　　　　　　　　　　　　　　（单位：mm）

类型	高度	宽度	标高	顶高度
M1527（双扇门）	2700	1500	正负 0	2700
M1527（双扇门）	2700	1500	正负 0	2700
M0922（单扇门）	2200	900	正负 0	2200
M1527（双扇门）	2700	1500	正负 0	2700
M1527（双扇门）	2700	1500	正负 0	2700
M1527（双扇门）	2700	1500	正负 0	2700
M1527（双扇门）	2700	1500	正负 0	2700
M1527（双扇门）	2700	1500	正负 0	2700
M1527（双扇门）	2700	1500	正负 0	2700
M1527（双扇门）	2700	1500	正负 0	2700
M0922（单扇门）	2200	900	正负 0	2200
M0922（单扇门）	2200	900	正负 0	2200
M1527（双扇门）	2700	1500	正负 0	2700
M0922（单扇门）	2200	900	正负 0	2200
M1527（双扇门）	2700	1500	正负 0	2700
M1522（双扇门）	2200	1500	标高 3.00	2200
M1522（双扇门）	2200	1500	标高 3.00	2200
M1522（双扇门）	2200	1500	标高 3.00	2200
M0922（单扇门）	2200	900	标高 3.00	2200
M0922（单扇门）	2200	900	标高 3.00	2200
M0922（单扇门）	2200	900	标高 3.00	2200

　　2）导出明细表。Revit 只能以文本格式导出明细表。单击【文件】打开文件对话框，在【导出】侧拉列表中的【报告】下选择【明细表】工具，打开【导出明细表】对话框，选择保存路径后设置名称为【门明细表】，单击【保存】完成明细表的导出，如图 4-78 所示。导出的门明细表如图 4-79 所示，可以将文本文件导入到 Excel 中进行编辑表格等操作。

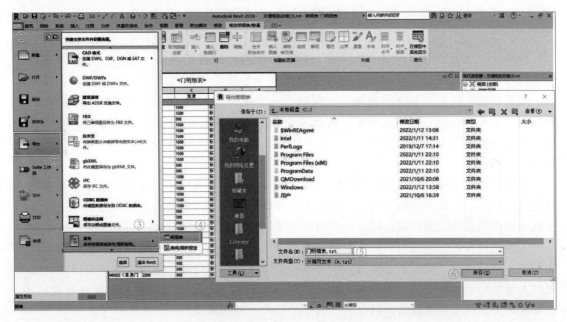

图 4-78　导出明细表（客运中心）

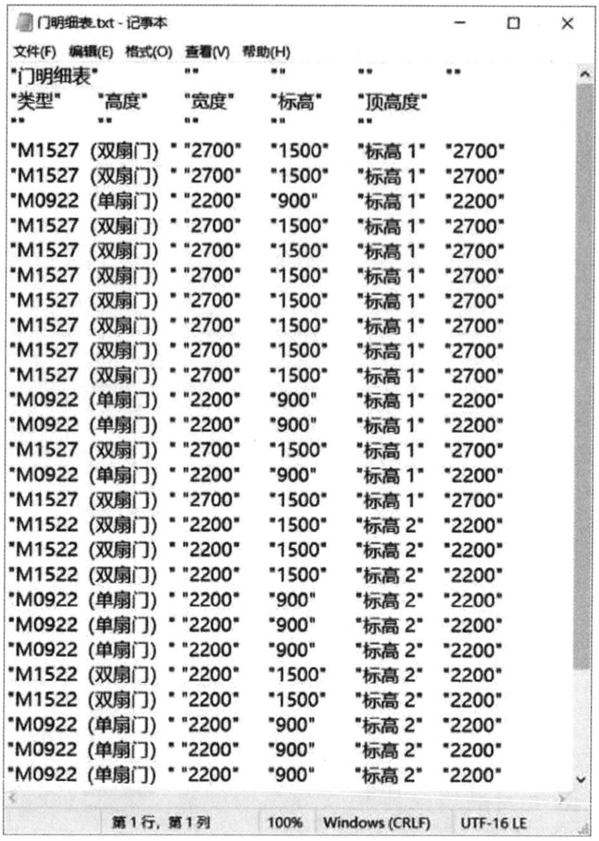

图 4-79　导出的门明细表（客运中心）

■ 4.6　开放包容的象征：深圳福田地下综合交通枢纽

深圳，一座美丽的海滨城市；深圳，一座朝气蓬勃的移民城市；深圳，一座开放、自由、包容的现代化城市。在深圳，蓝色的海洋文化形成了"敢闯敢试、开放包容、务实尚法、追求卓越"的新时代深圳精神。在深圳，一座座摩天大厦、一条条笔直大路都在凸显着深圳"开拓、创新、团结、奉献"的城市特质。而四通八达的综合交通枢纽，恰恰体现了"深圳与世界没有距离"的格局，"来了就是深圳人"的宽广胸怀，以及"鼓励创新、宽容失败"的气度。

深圳福田地下综合交通枢纽位于深圳城市中心区，毗邻福中路、福华三路，在福华路下穿地铁一号线。它以高铁站为核心，是一座集地铁、公交和出租车等多种交通方式为一体的全地下现代化综合交通枢纽，建设规模当时居亚洲首位、全球第二。

工程设计方面，深圳福田综合交通枢纽实现了对城市地下空间的集约化、复合化、规模化利用，充分释放了地面交通空间，极大改善了市民出行便捷度。此外，深圳福田综合交通枢纽大量采用低碳环保技术与材料，通过引入天窗和采光庭院实现了自然光源的高效利用，在解决地下建筑采光难题的同时也契合国家的节能、环保政策。

工程建设方面，深圳福田地下综合交通枢纽具有较大施工难度。为确保工程顺利完工，建设单位多次组织设计、施工、监理等各个相关部门深入研究、不断优化建设施工方案。工程技术人员的开拓创新，形成了对超长混凝土结构施工、超大跨径性结构施工、复合地层超高层建筑群变形控制等技术的集中突破。

　　福田枢纽是在城市中心建成区建设的综合交通枢纽工程，对于规划、设计和建设均是巨大的挑战。中国建设者们共克时艰、不懈努力，终于完成了这一工程。相信这样的辉煌将延续下去，助力我国繁荣昌盛！

课后题

　　1.【实操】：参照4.2.2节中竖向轴线的绘制方法，绘制横向的轴线。

　　2.【实操】：参照4.3.1节中柱1的创建和放置方法，设置柱2的属性和材质并放置矩形柱2。柱2深度为600，宽度为600，颜色设置为黑色，材质为现浇混凝土。

　　3.【实操】：参照4.3.2节中【外墙-300】的创建和放置，编辑【外墙-200】的尺寸及材质参数并按照图纸放置【外墙-200】，其中【外墙-200】的结构层为190mm现浇混凝土，面层为5mm厚涂料，5mm厚涂料的表面和截面颜色设置与【外墙-300】的设置相同。

　　4.【实操】：参照4.4.3节中门的创建方法，创建【M1522】和【M1527】。【M1522】高2200，宽1500（双扇）；【M1527】高2700，宽1500（双扇）；把手材质与【M0922】相同。

　　5.【实操】：参照4.5节自定义明细表的创建和导出方法，自定义客运中心墙、柱、楼板和屋顶的明细表并将其导出为文本格式。

　　6.【思考】：未来我国城市交通枢纽规划设计的发展方向。

第 5 章　火车站数字化模型

本章内容提要：

　　铁路车站俗称火车站，是铁路部门办理客、货运输业务和列车技术作业的场所，也是重要的交通枢纽结构。与普通工业与民用建筑相比，火车站结构通常纵向长度较长，站厅跨度大，整体结构形式复杂，除包括梁、柱、板、墙等结构构件外，还包括站台、幕墙等复杂部件的建模。本章将以某铁路车站作为教学案例，介绍其数字化模型建立流程与技巧。其中，5.1节介绍火车站工程概况与建模思路；5.2节介绍项目、标高、轴网的创建方法；5.3节介绍墙、柱、楼板、屋顶等主体结构构件的建模方法；5.4节介绍门窗、幕墙、楼梯、栏杆等附属构件的建模方法；5.5节介绍模型明细表的创建与使用；5.6节以南京火车站为例，简要体现我国近年来在火车站所取得的重大成就。

学习要点：
1. 了解火车站结构主要结构与非结构构件。
2. 掌握梁、柱、墙、楼板、屋顶、门窗、幕墙、楼梯等结构建模方法。
3. 掌握族、自带族、嵌套族、迹线屋顶建模技巧，掌握明细表创建与使用方法。

■ 5.1　工程概况与建模思路

5.1.1　工程概况

　　本章以火车站为例详细介绍火车站建筑主要结构与非结构构件及其数字化模型建立方法。如图5-1所示，火车站采用桥站一体化设计，总长为1.4km，火车站最高点标高为28.6m，梁、柱、楼板外墙均为混凝土现浇形式。

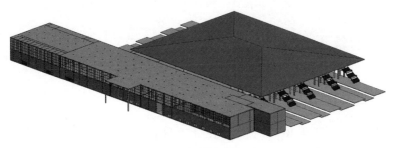

图 5-1 火车站三维图

5.1.2 建模思路

本节章将火车站分为主体结构和附属构件分别进行建模。其中，主体结构分为柱、楼板件、屋顶、墙；附属构件分为门窗、幕墙、楼梯、栏杆。建模思路如图 5-2 所示。

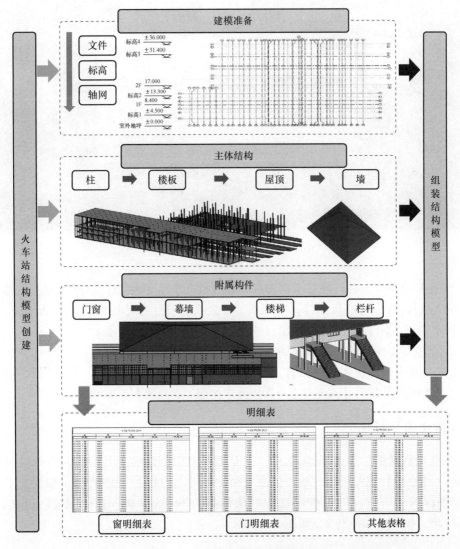

图 5-2 火车站参数化建模思路

5.2 建模准备工作

5.2.1 创建项目文件

1）新建项目文件。打开 Revit 软件，在【项目】下选择【新建】，弹出【新建项目】对话框，进行样板文件的设置：单击【浏览】按钮，在提供的【样板文件】中选择【建筑样板】，选择新建【项目】后，单击【确定】按钮，完成项目文件和技术路线图的创建，如图 5-3 所示。

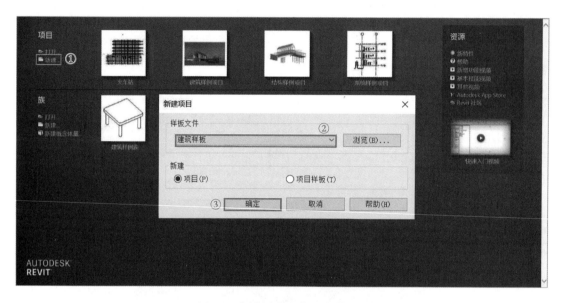

图 5-3　新建项目文件（火车站）

2）设置基础单位。进入项目主页面后，在【管理】工具栏上。单击【设置】选项卡中的【项目单位】，打开【项目单位】对话框。设置当前项目的【长度】单位为 mm，面积单位为 m^2，单击【确定】按钮退出【项目单位】对话框，如图 5-4 所示。

3）保存项目文件。单击【快速访问工具栏】中【另存为】按钮，弹出【另存为】对话框。指定存放路径，设置文件命名，默认文件类型为【.rvt】格式，单击【保存】按钮，关闭窗口。将项目保存为【火车站】。具体操作如图 5-5 和图 5-6 所示。

5.2.2 创建项目标高

1）调整项目视图。打开 Revit 软件，打开上一节中创建的项目，在左下角【项目浏览器】中展开【立面】视图类别。双击任意立面，如【北立面】视图名称，切换到北立面视图。在绘图区域显示项目样板中设置的默认标高为 B.O. 基脚、T.O. 基脚、T.O. 楼板、T.O. Fnd. 墙、标高 1 和标高 2，如图 5-7 所示。

a)

b)

图 5-4 单位设置（火车站）

a)【管理】工具栏→【设置】 b）统一管理单位

图 5-5 【另存为】命令（火车站）

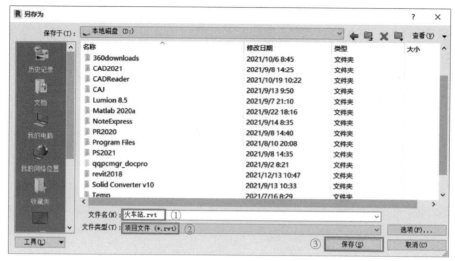

图 5-6　保存项目文件（火车站）

图 5-7　调整项目视图（火车站）

2）新建标高。打开 CAD 工程图纸信息，查看图纸获取标高信息，删除标高 B. O. 基脚、T. O. 基脚、T. O. 楼板、T. O. Fnd. 墙。具体步骤如下：单击标高 B. O. 基脚，按<Ctrl>键并选择 T. O. 基脚、T. O. 楼板、T. O. Fnd. 墙，右击，在弹出的快捷菜单中选择【删除】。单击【标高 1】标高线选择该标高，单击标高名称，将其命名为【室外地坪】，在弹出提示窗口中选择【否】即可。选择对应标高线，单击标高 2 名称，将其命名为【标高 1】，单击【标高 1】，修改标高高度为 4.500。可以单击任意标高线，进入【修改 | 标高】工具栏。在【修改】选项卡中选择【复制】命令，再次单击标高线，继续向上或向下拖动，将弹出的临时尺寸标注直接修改为需要的数值即可。按照【复制】的方式完成 1F（8.400）、标高 2（13.300）、2F（17.000）、标高 3（28.600）的绘制，如图 5-8 所示。

项目标高展示如图 5-9 所示。

5.2.3　创建项目轴网

1）调整项目视图。打开 Revit 软件，在左下角【项目浏览器】中展开【楼层平面】视图类别。

△ 4.500 标高1

△ ±0.000 室内地坪

图 5-8 新建标高（火车站）

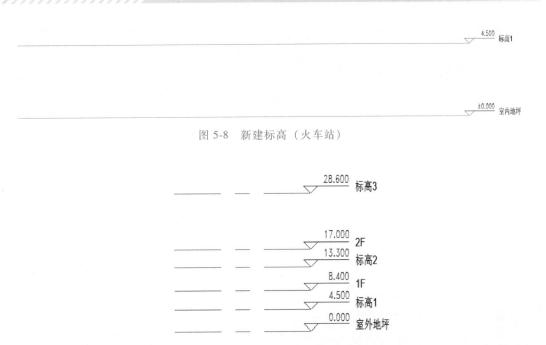

28.600 标高3

17.000 2F
13.300 标高2

8.400 1F
4.500 标高1

0.000 室外地坪

图 5-9 项目标高（火车站）

2）新建项目轴网。双击【室外地坪】平面，单击上方【建筑】工具栏下的【轴网】工具，自动进入到【修改|放置 轴网】工具栏。选择【绘制】选项卡中轴网的生成方式为【直线】，设置选项栏处的【偏移】为 0.0，单击左下角任意点向上拖动鼠标进行绘制，同时可以按住<shift>键按照【正交模式】进行绘制。再次单击确定轴线结束终点，完成绘制。其他轴网绘制方式可采用【复制】和【阵列】操作。【复制】功能的利用同标高讲解处，故不再赘述，此处讲解【阵列】操作。单击【阵列】命令，取消勾选【成组并关联】，项目数调整为 7，水平间距为 8000 轴网创建具体步骤如图 5-10 所示。

3）创建尺寸标注。单击【修改|放置尺寸标注】工具栏中【尺寸标注】选项卡中的【对齐】命令。鼠标指针按照从左往右的顺序，依次单击轴线 1 到轴线 40，鼠标移动出现临时尺寸标注，单击空白位置，生成线性尺寸标注。水平轴网标注创建方式与竖向轴网方式相同。部分轴网标注如图 5-11 所示。

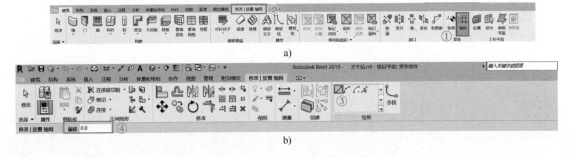

a)

b)

图 5-10 轴网创建（火车站）

a）新建项目轴网 b）【修改|放置 轴网】工具栏

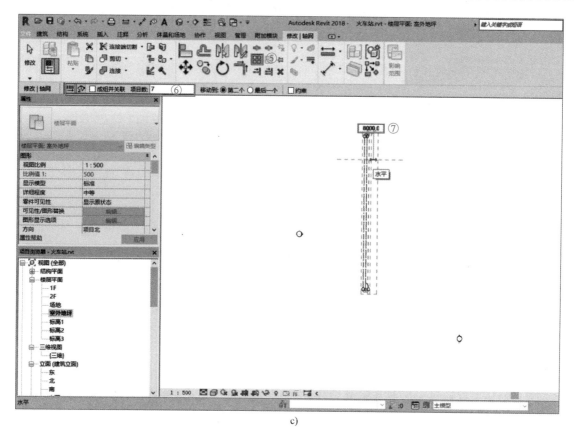

c)

图 5-10　轴网创建（火车站）（续）

c）阵列绘制

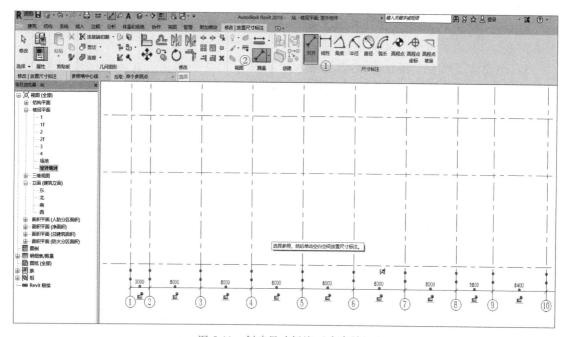

图 5-11　创建尺寸标注（火车站）

完成全部轴网的绘制与调整任务，如图 5-12 所示：

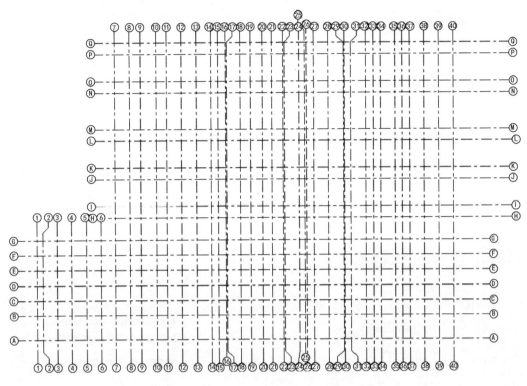

图 5-12　轴网总览（火车站）

5.3　主体结构建模

5.3.1　创建与放置柱构件

本次案例使用【结构】选项卡中【结构】面板中的【柱】进行结构柱建模。

1）调整项目视图。在左下角【项目浏览器】中展开【楼层平面】视图类别，双击【1F】视图名称，进入【1F】楼层视图平面。

2）载入族命令。单击【插入】工具栏中的【载入族】，选择【结构】中的【柱】，双击【柱】文件夹，选择【混凝土】和【预制混凝土】，单击【打开】，如图 5-13 所示。

3）修改柱属性。选择【结构】文件夹中【柱】的【混凝土-矩形-柱 .rfa】，单击【打开】，载入到火车站项目，根据图纸信息，分别在【b】输入 950.0，【h】输入 500.0，单击【确定】按钮，退出【类型属性】对话框。单击【属性】中的【结构材质】，单击右侧三点按钮，出现材质选项卡，选择材质为【混凝土-现场浇筑混凝土】，再在【材质浏览器-混凝土-现场浇筑混凝土】对话框中修改材质属性。具体操作如图 5-14 所示。

柱属性列表见表 5-1。

图 5-13　载入族（火车站）

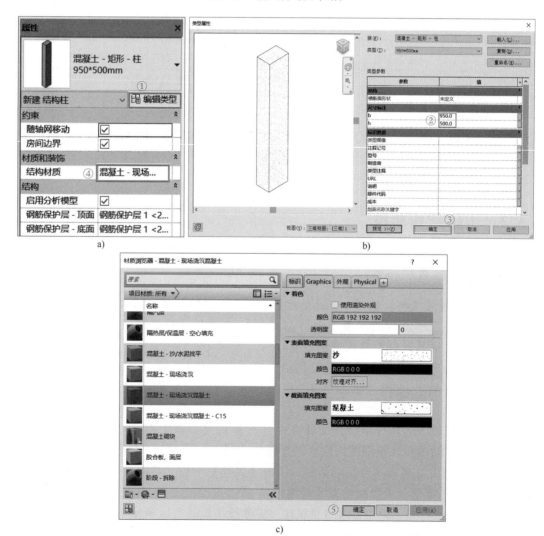

a)

b)

c)

图 5-14　柱的属性设置（火车站）

a）修改柱属性　b）属性参数　c）修改柱材质

表 5-1 柱属性（火车站）

属性	混凝土-正方形-柱 500 * 500	混凝土-圆形-柱 500	预制-方形-柱 500 * 500
尺寸	500mm×500mm	直径 500mm	500mm×500mm
材质	混凝土-现场浇筑混凝土	混凝土-现场浇筑混凝土	钢
底部标高	室外地坪	室外地坪	室外地坪
底部偏移	0	0	916
顶部标高	2F	2F	2F
顶部偏移	0	0	1916

4）放置室内地坪到 2F 范围内结构柱构件。根据图纸信息，进入【室外地坪】楼层平面视图进行布置。选择【结构】工具栏上的【柱】，打开【修改|放置柱】工具栏，在【属性】面板中选择【混凝土-正方形-柱 500 * 500】，在属性栏中选择【高度】为【2F】，鼠标移动到①轴与⑥轴交点处，单击放置【混凝土-正方形-柱 500 * 500】。再次进行操作，切换楼层平面视图，修改底部和顶部标高以及偏移，采用类似方法对【混凝土-矩形-柱 950 * 500】【混凝土-圆形-柱 500】【预制-方形-柱 500 * 500】进行建模。放置柱的操作过程如图 5-15 所示。

a)

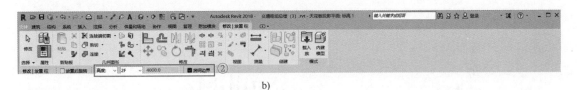

b)

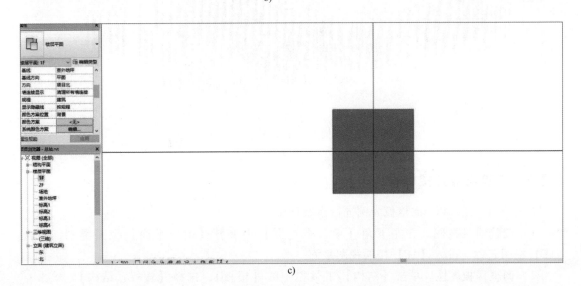

c)

图 5-15 放置柱（火车站）

a)【结构】工具栏→【柱】 b) 设置参数 c) 放置柱构件

5）进行尺寸标注。利用【注释】工具栏中【对齐】尺寸标注工具对柱构件进行标注，对于②轴与Ｆ轴相交处和⑬轴与Ｈ轴柱构件进行标注，如图 5-16 所示。

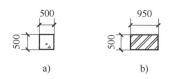

图 5-16　对柱进行尺寸标注（火车站）

a）②轴与Ｆ轴相交处尺寸标注　b）⑬轴与Ｈ轴相交处进行尺寸标注

使用复制、阵列等命令，对柱构件进行快速布置，部分柱完成效果如图 5-17 所示。

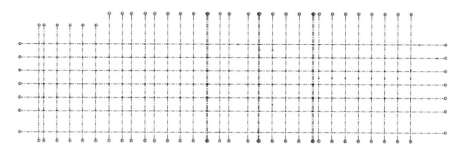

图 5-17　阵列效果图（火车站）

完成所有柱构件的布置，三维效果如图 5-18 所示。

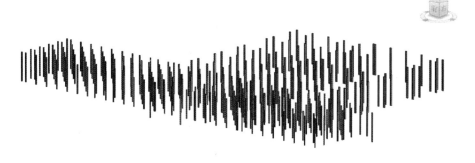

图 5-18　柱构件三维效果图（火车站）

5.3.2　创建与放置楼板构件

根据图纸，以 500mm 楼板为例进行模型创建。

1）调整项目视图。在左下角【项目浏览器】中展开【楼层平面】视图类别，双击【1F】视图名称，进入【1F】楼层视图平面。

2）调整楼板属性。单击【结构】工具栏中的【楼板】，选择【楼板：结构】。单击左侧【属性】面板中的【编辑类型】，进行楼板的类型属性创建。对楼板的结构属性进行编辑：单击【类型属性】对话框中【类型参数】下的【结构】，对其值进行修改，单击【编辑...】，如图 5-19 所示。

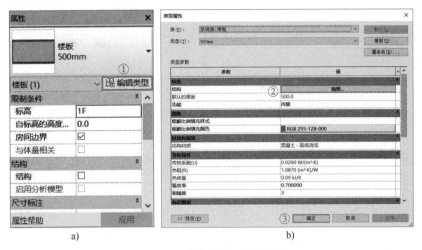

图 5-19　楼板属性（火车站）

a）调整楼板属性　b）楼板属性参数

3）修改楼板属性。修改【结构 [1]】厚度为 450.0，【材质】选择为【混凝土-现场浇筑混凝土】。再添加【结构 [1]】，厚度为 25.0，材质选择为【木材-层压板-象牙白，粗面】，将其上移到最顶部。再添加【衬底 [2]】，厚度为 25.0，材质选择为【EIFS，外部隔热层】，将其下移到最底层。楼板结构参数如图 5-20 所示。

4）放置项目楼板。在绘制楼板状态下，将左侧命令栏【限制条件】的【标高】改为【1F】，将【自标高的高度偏移】设置为 0.0；在【绘制】选项卡中，选择【拾取线】命令，利用【修改】选项卡中【修改/延伸为角】工具来修改边界线，令其封闭连续。单击【修改/延伸为角】

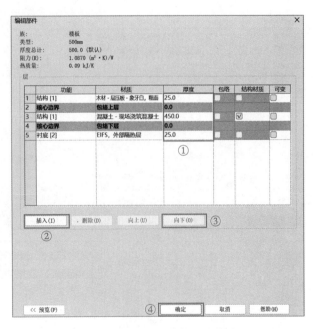

图 5-20　楼板结构参数（火车站）

工具，然后单击①轴和ⓖ轴楼板线，两条楼板线延伸相连。根据图纸，楼梯间的楼板暂不需要绘制，需要在原有封闭区域单独剔除。边线绘制好后，单击【模式】选项卡中的【✔】确认完成。放置项目楼板操作过程如图 5-21 所示。

按照同样的方法创建 150mm 楼板，设置【标高】为【标高 1】，【自标高的高度偏移】分别为【3900.0】。定义楼板的类型属性：定义【结构 [1]】厚度为 150mm，材质选择为【混凝土-现场浇筑】，如图 5-22 所示。采用【拾取线】【修改/延伸为角（TR）】等工具完成该厚度楼板的放置。

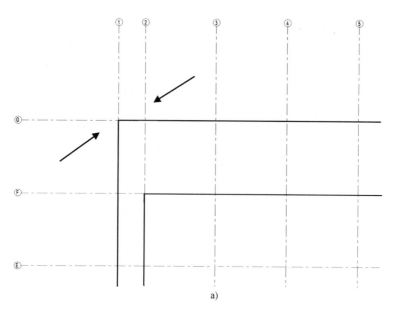

a)

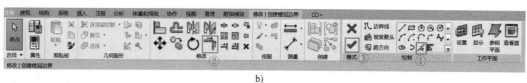

b)

图 5-21　放置项目楼板（火车站）

a）放置项目楼板　b）【修改｜创建楼层边界】工具栏

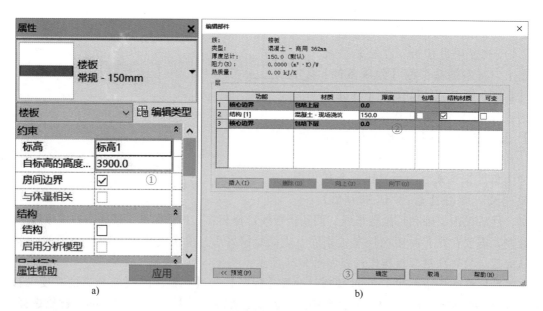

a)　　　　　　　　　　　　b)

图 5-22　修改楼板属性（火车站）

a）调整楼板属性　b）楼板属性

至此部分楼板已绘制完毕，单击【默认三维视图】，查看三维效果如图 5-23 所示。

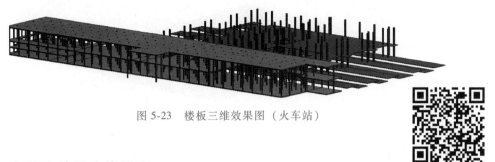

图 5-23　楼板三维效果图（火车站）

5.3.3　创建和放置迹线屋顶

创建和放置迹线屋顶

屋顶部分可采用迹线屋顶或拉伸屋顶两种方法进行创建。木例采用迹线屋顶方法。

1）调整项目视图。在左下角【项目浏览器】中展开【楼层平面】视图类别，双击【1F】视图名称，进入 1F 楼层视图平面。

2）新建项目屋顶。单击【建筑】工具栏下方【屋顶】，选择【迹线屋顶】。根据图纸，在【修改│创建屋顶迹线】工具栏中，选择【绘制】选项尺中的【边界线】，利用【边界线】绘制闭合的迹线。在绘制过程中可以选择【定义坡度】，选择之后出现直角三角标志，单击边界线，可以调整坡度角。操作过程如图 5-24 所示。

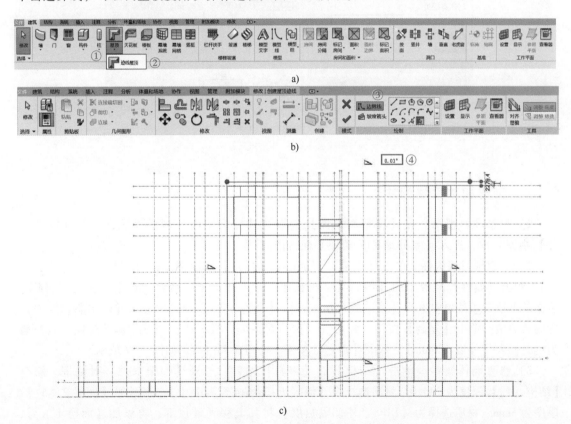

图 5-24　放置屋顶（火车站）

a）新建项目屋顶　b）【修改│创建屋顶迹线】工具栏　c）项目屋顶平面图

绘制完成后，单击【✓】确认，进入三维视图，如图 5-25 所示。

图 5-25　屋顶三维图（火车站）

3）修改屋顶属性。标高、自标高的高度偏移、类型属性按照前述的方法创建即可，如图 5-26 所示。

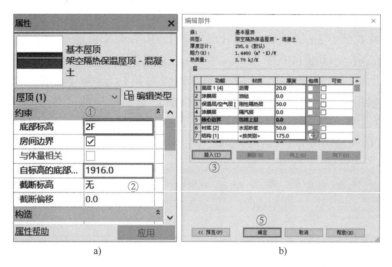

图 5-26　屋顶属性参数（火车站）

a）修改屋顶属性　b）屋顶属性

5.3.4　创建和放置墙构件

1）调整项目视图。在【项目浏览器】中展开【楼层平面】视图类别，双击【室外地坪】视图名称，进入【室外地坪】楼层平面视图。

2）新建项目墙构件。单击【建筑】工具栏中【构建】选项卡中的【墙】，选择【墙：建筑】，单击【属性】面板中的【编辑类型】按钮，弹出【类型属性】对话框。在【族（F）】后面的下拉三角菜单中选择【系统族：基本墙】。【类型（T）】列表中显示【基本墙】族中包含的族类型。单击【复制】按钮，弹出【名称】对话框，根据所给图纸中墙体说明，以外墙为例，输入【外墙-250mm】，单击【确定】按钮，关闭命名窗口，如图 5-27 所示。

3）修改墙体属性。单击【结构】后【编辑】按钮，进入【编辑部件】对话框。修改【结构 [1]】厚度为 240.0，材质选择为【混凝土-现场浇筑混凝土】；再添加【面层 2 [5]】，厚度为 5mm，材质选择为【EIFS，外部隔热层】将其上移到最顶部；再添加【面层 1 [4]】，厚度为 5mm，材质选择为【刚性隔热层】；将其下移到最底层。墙体材质如图 5-28 所示。

a)

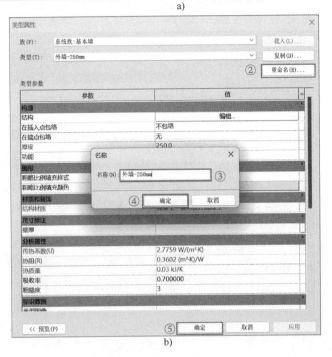

b)

图 5-27 创建墙（火车站）

a）新建项目——墙构件 b）重命名

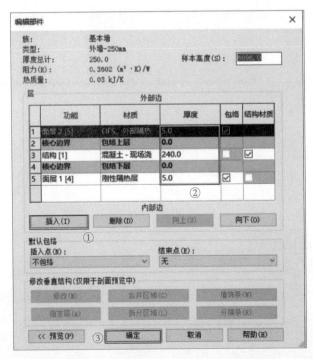

图 5-28 修改墙体属性（火车站）

按照上述的操作方法，完成内墙【内墙-200mm】的定义和创建，注意内墙的【功能】属性定义为【内部】，如图 5-29 所示。

属性定义完成之后，进行构件的布置。根据图纸，先进行外墙的布置。

4）放置墙构件。绘制墙体状态下，选择墙体类型为【外墙-250mm】。单击【绘制】中的【线】，【高度】选择为【1F】，勾选【链】，对墙体进行连续绘制，【偏移量】值为 0.0。【底部约束】为【室外地坪】，【底部偏移】设置为 0.0，【顶部约束】定义为【直到标高：1F】，【顶部偏移】为0.0。用直线方式，结合所给图纸外墙定位信息，进行连续绘制，以①轴处墙体为例，绘制完成后，按<Enter>键完成，下一步进行【对齐】调整墙体定位，如图 5-30 所示。

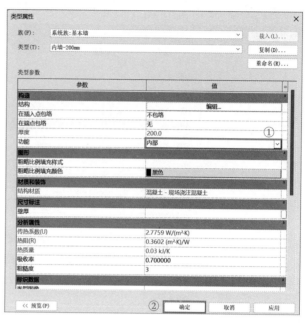

图 5-29　设置墙功能（火车站）

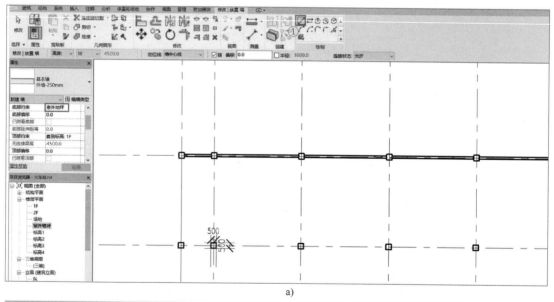

a)

b)

图 5-30　放置墙构件（火车站）
a）设置墙标高　b）【修改】选项卡→【对齐】

5）其他外墙和内墙建模。按照上述方法完成室外地坪所有外墙的绘制，利用同样的方法，结合图纸绘制【室外地坪】的内墙，使用【对齐】工具进行快速处理。同时利用【临时隐藏图元】将外墙和其他构件隐藏，方便绘制。完成后如图5-31所示。

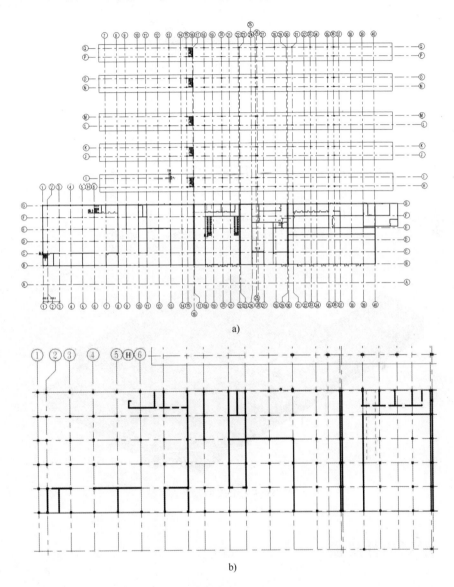

a)

b)

图5-31　墙平面图（火车站）
a）外墙平面　b）内墙平面

6）放置墙体。根据图纸绘制【1F】层的外墙和内墙，复制【室外地坪】外墙和内墙到【1F】。单击选择一段外墙，右击【选择全部实例】中的【在视图中可见】，选中所有外墙墙体。然后单击【复制到剪切板】，单击【粘贴】下方的【与选定标高对齐】，选择标高【1F】，复制完成后，到【1F】进行标高和位置调整修改，如图5-32所示。

墙体建模完成后三维效果如图5-33所示。

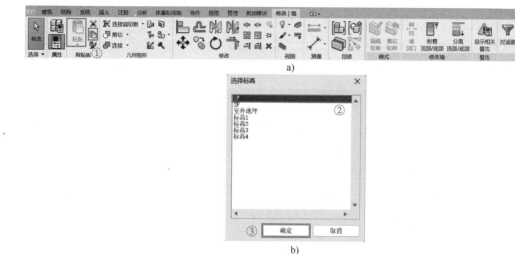

a)

b)

图 5-32　复制粘贴墙（火车站）

a)【复制】和【粘贴】工具　b)【选择标高】对话框

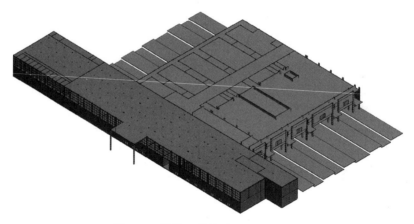

图 5-33　墙体三维效果图（火车站）

■ 5.4　附属构件建模

5.4.1　创建和放置门窗构件

绘制门窗的具体步骤如下：

1）调整项目视图。在【项目浏览器】中展开【楼层平面】视图类别，双击【室外地坪】视图名称，进入室外地坪楼层平面视图。

2）载入族。单击【建筑】工具栏【构建】选项卡中的【门】命令，单击【属性】面板上【编辑类型】，打开【类型属性】对话框，单击【载入】，弹出【打开】对话框，单击【卷帘门】和【普通门】文件夹，如图 5-34 所示。

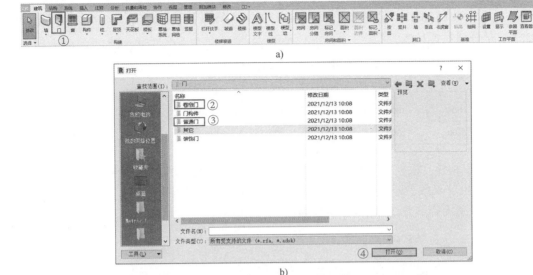

a)

b)

图 5-34　载入族（火车站）

a)【建筑】工具栏→【门】　b）载入族类型

3）新建门构件。打开【卷帘门】文件夹，选择【水平卷帘门】，单击【打开】命令，载入到【火车站】项目。在【类型属性】对话框中单击【复制】按钮，更改【高度】为2400.0，【宽度】为5000.0。在弹出的【名称】对话框中输入【M5024】，单击【确定】按钮，关闭命名窗口，用同样的方法创建【M8024】，如图5-35所示。

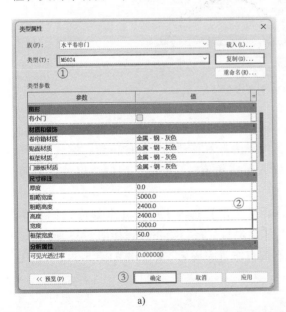

a)

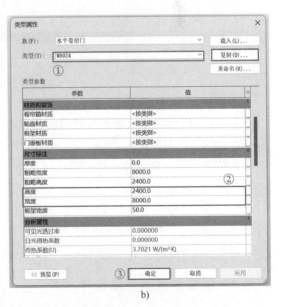

b)

图 5-35　门参数（火车站）

a）门1参数　b）门2参数

按照上述方法，选择打开【普通门】文件夹中的【平开门】和【推拉门】。用【复制】命令建立【M1021】【M1020】【M1221】【M5235】【M1821】【M1521】。尺寸参照图纸中门明细表，部分门属性见表5-2。

表5-2　部分门属性列表

属性	M1021	M1020	M1521	M5235	M1821	M1521	M1215	M1230
宽度/mm	1000	1000	1200	5200	1800	1500	1200	1200
高度/mm	2100	2000	2100	3500	2100	2100	1500	3000

4）创建窗构件。根据相同的方法，从【建筑】中【窗】文件夹中给定的族文件，载入【平开窗】中的【双扇平开-带贴面】，复制建立【C1012】。设置窗嵌入、材质和装饰、尺寸等各项参数，完成后单击【确定】，结果如图5-36所示：

图5-36　创建窗构件（火车站）

5）放置门窗构件。定义完成门的属性后，根据图纸对门进行布置。将门布置到墙体上后，可以对门的位置进行调整。方法有两种：第一种为左右移动调整门的位置，第二种为单击蓝色数字标注，弹出输入框，当在输入框内输入距离数值时，会驱动门的位置进行平移，可以按照此方法对门定位进行调整，如图5-37所示。

6）标记门构件。单击【注释】工具栏，选择【标记】选项卡中的【全部标记】工具，勾选【门标记】，将门全部选中进行标记，单击【确定】完成，操作过程如图5-38所示。

窗的布置同门一样，此处就不再赘述，所有门窗布置完成后三维效果如图5-39所示。

5.4.2　创建和放置幕墙构件

绘制幕墙具体步骤如下：

1）调整项目视图。在【项目浏览器】中展开【楼层平面】视图类别，双击【1F】视图名称，进入【1F】楼层平面视图。

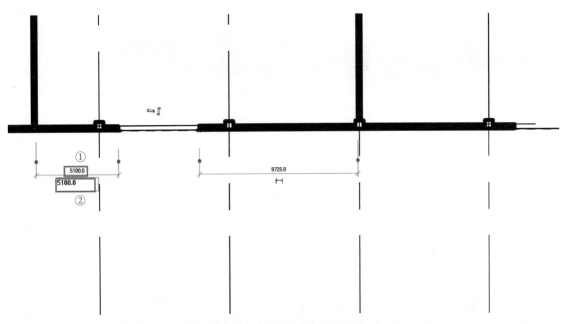

图 5-37　放置门窗构件（火车站）

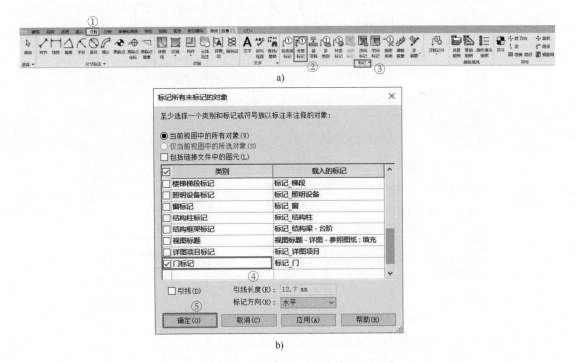

图 5-38　标记门（火车站）

a)【注释】工具栏→【标记】　b）设置标记对象

2）新建幕墙构件。单击【1F】视图，选中墙体，在【属性】面板中单击【基本墙外墙-250mm】右侧的下三角，下拉选择【幕墙】，修改幕墙的约束。将【顶部约束】调整为【直到标高：2F】，【顶部偏移】调整为-500.0。操作步骤如图 5-40 所示。

图 5-39　火车站门窗三维效果图

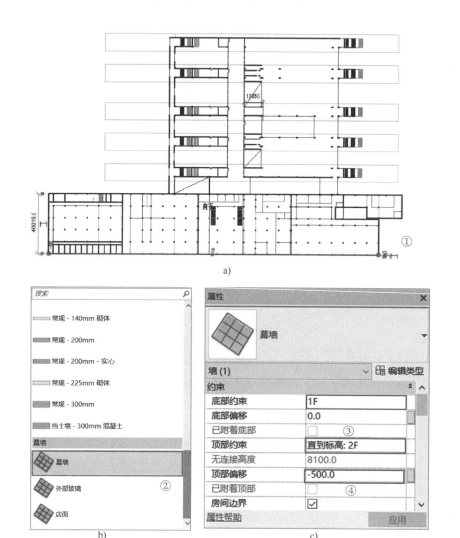

a)

b)

c)

图 5-40　幕墙设置（火车站）
a）选中墙体　b）选择【幕墙】　c）调整参数

3）放置幕墙构件。单击【属性】面板上【编辑类型】按钮，打开【类型属性】对话框，勾选【自动嵌入】复选框，选择幕墙嵌板为【系统嵌板：玻璃】，选择连接条件为【边界和垂直网格连续】，分别设置垂直网格和水平网格的布局间距均为2000，分别设置垂直竖梃和水平竖梃的【内部类型】均为【圆形竖梃：25mm 半径】，其他采用默认设置，单击

【确定】按钮。操作步骤如图 5-41 所示。

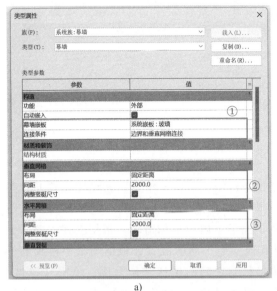
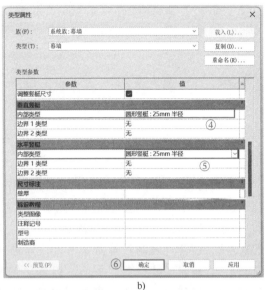

图 5-41 幕墙参数（火车站）

a）幕墙属性 1 b）幕墙属性 2

完成并查看建模效果。单击【默认三维视图】，查看三维效果图，如图 5-42 所示。

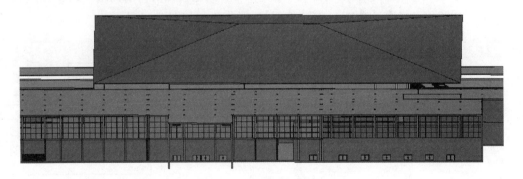

图 5-42 火车站幕墙三维效果图

5.4.3 创建和放置楼梯构件

根据图纸中楼梯的相关信息进行分析，进行楼梯定位。定位的方法是通过创建若干参照平面，下面以首层⑰和⑱轴之间的楼梯定位为例讲解绘制过程：

1）调整项目视图。在【项目浏览器】中展开【楼层平面】视图类别，双击【室外地坪】视图名称，进入室外地坪楼层平面视图。

2）创建楼梯构件。单击【建筑】工具栏卡【工作平面】选项卡中的【参照平面】工具，绘制方式选择【拾取线】，选项栏中【偏移量】设置为 0，如图 5-43 所示。

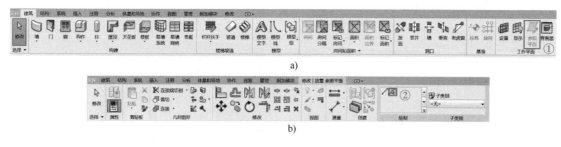

图 5-43 创建参照平面（火车站）

a)【建筑】工具栏→【参照平面】 b)【修改│放置 参照平面】工具栏

3）放置楼梯构件。鼠标指针放在轴线⑰位置，右侧显示用于预览图元创建位置的蓝色定位线后，单击轴线⑰进行拾取，则参照平面绘制完毕，完成后，按<Esc>键退出操作。放置过程中可以结合【临时隐藏/隔离】工具，让平面显示内容更加清晰。根据上述参照平面放置方法，结合【复制】等命令可以快速进行其他参照平面的放置，根据图纸中楼梯的标注信息，绘制完成其他参照平面。以首层轴网⑰和⑱之间的楼梯定位为例，单击【建筑】工具栏【楼梯坡道】选项卡中的【楼梯】命令，进入【修改│创建楼梯】工具栏。在【属性】面板中单击【编辑类型】按钮，单击【类型属性】对话框中【族（F）】后下拉菜单，选择【系统族：现场浇筑楼梯】并复制新类型，将其命名为【一楼楼梯】，根据图纸中楼梯信息，设置参数属性。由图纸信息计算得知，最小踏板深度为 280.0（该参数决定楼梯所需要的最短梯段长度），最大踢面高度为 180.0（该参数决定楼梯所需要的最少踏步数），最小梯段宽度为 1000.0，修改【功能】为【外部】，操作过程如图 5-44 所示。

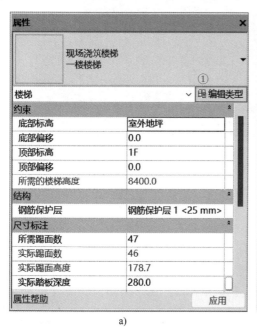

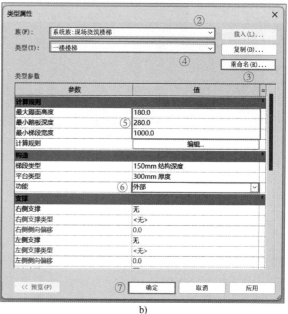

a)　　　　　　　　　　　　b)

图 5-44 设置楼梯构件类型属性（火车站）

a）编辑楼梯类型 b）设置楼梯类型参数

部分楼梯主体绘制操作如图 5-45 所示。

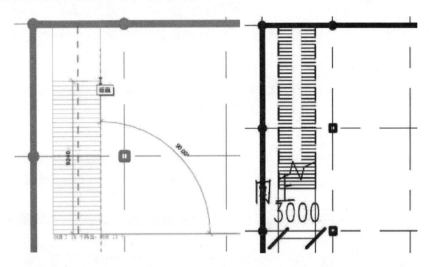

图 5-45 楼梯主体绘制操作（火车站）

完成所有楼梯构件的布置，三维效果图如图 5-46 所示。

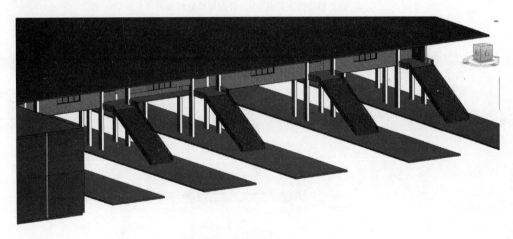

图 5-46 火车站楼梯三维效果图

5.4.4 创建和放置栏杆构件

本次火车站项目采用的栏杆有两种类型：900mm 和 1100mm。以①轴和②轴处 900mm 栏杆为例展示操作。

1）新建栏杆扶手。定义栏杆属性。单击【编辑类型】，顶部扶栏类型调整为【圆形-40mm】，修改【材质和装饰】中的【材质】为【金属-钢-灰色】。操作如图 5-47 所示。

2）放置 900mm 栏杆扶手构件。单击【工具】选项卡中【栏杆扶手】按钮，在弹出窗口中设置栏杆扶手为【900mm 圆管】的已有构件，【位置】选择为【踏板】，单击【确定】，如图 5-48 所示。

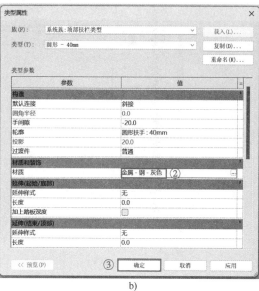

a)　　　　　　　　　　　　　　　　b)

图 5-47　楼梯扶手参数（火车站）

a）设置楼梯扶手类型　b）修改楼梯栏杆参数

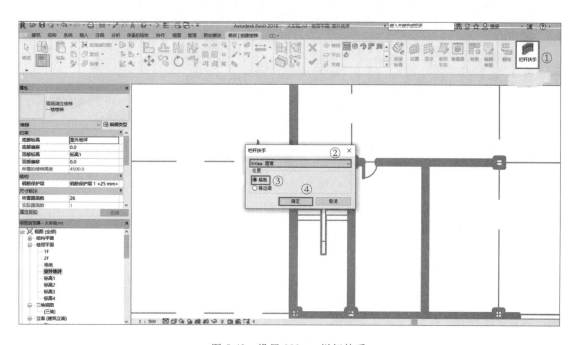

图 5-48　设置 900mm 栏杆扶手

3）放置 1100mm 栏杆扶手构件。1100mm 栏杆扶手的操作同 900mm，此处不再赘述，相关属性如图 5-49 所示。

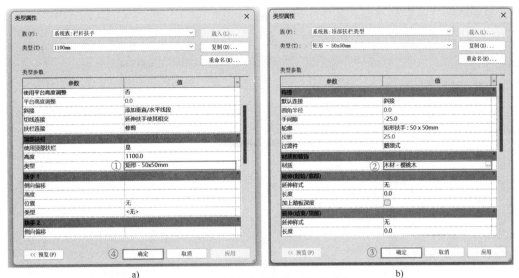

图 5-49 栏杆类型参数（火车站）

a）栏杆类型 b）材质参数

5.5 明细表创建

Revit 模型绘制完成后，在 Revit 软件中可以对模型进行简单的图元明细表统计。本节将介绍如何使用【明细表/数量】【导出明细表】等命令创建明细表。

1）新建明细表。右击【项目浏览器-火车站】中【明细表/数量】，单击【新建明细表/数量】，弹出【新建明细表】对话框，下滑【类别】滑动条，选中【门】，勾选【建筑构件明细表（B）】，单击【确定】按钮，如图 5-50 所示。

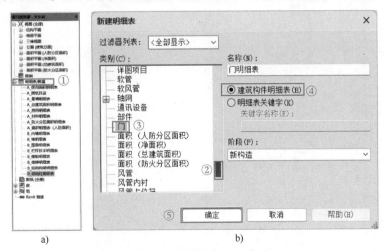

图 5-50 新建明细表（火车站）

a）【项目浏览器-火车站】 b）【新建明细表】对话框

2）修改明细表属性。在【明细表属性】对话框，下拉【可用的字段】滑动条，分别单击【高度】【宽度】【类型】之后，单击向右箭头，可以通过下方向下箭头调整【明细表字段】，最后单击【确定】按钮，如图 5-51 所示。

生成门明细表，如图 5-52 所示。

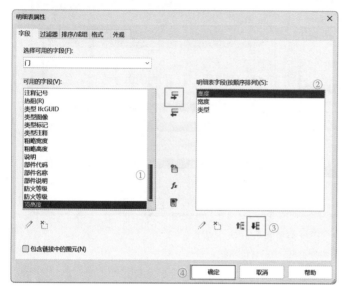

图 5-51　修改明细表属性（火车站）

图 5-52　门明细表（火车站）

根据同样的方法创建楼板明细表、楼梯明细表、窗明细表、墙明细表、结构柱明细表，如图 5-53 ~ 图 5-57 所示。

<楼板明细表>					
A	B	C	D	E	F
族与类型	标高	周长（毫米）	体积（立方米）	面积（平方米）	说明
楼板: 500mm	室外地坪	182630	1027.71	2055.42	
楼板: 500mm	室外地坪	433500	3569.06	7138.13	
楼板: 500mm	室外地坪	61800	119.25	238.50	
楼板: 500mm	室外地坪	150000	688.00	1376.00	
楼板: 常规 - 300m	室外地坪	1688760	2434.91	8116.38	
楼板: 常规 - 300m	室外地坪	2126300	3506.45	11688.15	
楼板: 500mm	标高1	150000	688.40	1376.80	
楼板: 500mm	标高1	112130	308.01	616.02	
楼板: 常规 - 150m	标高1	772252	1472.38	9815.87	
楼板: 常规 - 150m	标高1	254651	68.36	455.76	
楼板: 常规 - 150m	标高1	16400	1.92	12.81	
楼板: 常规 - 150m	标高1	16400	1.92	12.81	
楼板: 常规 - 150m	标高1	16400	1.92	12.81	
楼板: 常规 - 150m	标高1	16400	1.92	12.81	
楼板: 常规 - 150m	标高1	16400	1.92	12.81	
楼板: 常规 - 150m	标高1	16400	1.92	12.81	
楼板: 常规 - 150m	标高1	16400	1.92	12.81	
楼板: 常规 - 150m	标高1	16400	1.92	12.81	
楼板: 常规 - 150m	标高1	16400	1.92	12.81	
楼板: 500mm	1F	339120	558.31	1116.62	
楼板: 500mm	1F	188900	1024.38	2048.75	
楼板: 500mm	1F	271359	1258.80	2517.60	
楼板: 500mm	1F	211420	409.72	819.44	
楼板: 常规 - 150m	1F	16400	1.92	12.81	
楼板: 常规 - 150m	1F	16400	1.92	12.81	
楼板: 常规 - 150m	1F	16400	1.92	12.81	
楼板: 常规 - 150m	1F	16400	1.92	12.81	
楼板: 常规 - 150m	1F	16400	1.92	12.81	
楼板: 常规 - 150m	1F	16400	1.92	12.81	
楼板: 常规 - 150m	1F	16400	1.92	12.81	
楼板: 常规 - 150m	1F	16400	1.92	12.81	
楼板: 500mm	2F	592990	4879.42	9758.84	

图 5-53　楼板明细表（火车站）

<楼梯明细表>					
A	B	C	D	E	F
族与类型	部件说明	实际踏面数	宽（毫米）	计数	最小踏板深度
现场浇注楼梯:一楼楼梯				4	280
组合楼梯:工业装配楼梯				30	280

图 5-54　楼梯明细表（火车站）

<窗明细表>		
A	B	C
宽度	高度	类型
900	1200	C0912
900	1200	C0912
900	1200	C0912
900	1200	C0912
900	1200	C0912
900	1200	C0912
900	1200	C0912
900	1200	C0912
900	1200	C0912
900	1200	C0912
900	1200	C0912
900	1200	C0912
900	1200	C0912
900	1200	C0912
900	1200	C0912
900	1200	C0912
900	1200	C0912
900	1200	C0912
900	1200	C0912

图 5-55　窗明细表（火车站）

<墙明细表>		
A	B	C
族与类型	面积（平方米）	体积（立方米）
基本墙:内墙-200mm	18201.36	3640.27
基本墙:外墙250mm	3019.43	754.86
基本墙:外墙-250mm	12209.32	3052.33

图 5-56　墙明细表（火车站）

<结构柱明细表>			
A	B	C	D
柱类型	长（毫米）	体积（立方米）	柱根数
混凝土-圆形-柱:500mm	204000	40.05	12
混凝土-正方形-柱:500*500	3400000	831.52	200
混凝土-矩形-柱:950x 500mm	1638000	778.05	91
预制-方形柱:500x500	468000	117.00	26

图 5-57　结构柱明细表（火车站）

5.6　传统与现代的完美结合：南京火车站

南京，古称金陵、建康、建业、石头城，我国著名的历史名城、六朝古都。

157

南京，同样是一座现代化都市，中国东部地区重要中心城市之一。

在南京，看得到历史，看得到现代，也看得到未来……

南京火车站是南京城市的一个缩影。

南京站始建于 1968 年 9 月，位于金陵古城城北，毗邻扬子江与紫金山，自然风光优美，地理位置优越。2002 年由铁道部、江苏省、南京市三方共同投资进行改建，2005 年 9 月新南京站建设完工，投入试运行。南京站采用桅杆斜拉索悬挂结构形式，18 根桅杆支撑起横向钢梁，如同一艘扬帆起航的巨型帆船，既具有江南文化特色，又融合现代化气息。

建筑功能设计上，新站房建设充分体现了"一切以旅客为中心"的理念。尽管，南京站体量巨大（东西长 270m，南北进深 53.5m，总建筑面积达 41000m²），但通过"高进低出"流线设计和立体的交通组织实现了便捷出行。旅客可在站内进行高铁、地铁、出租、公交、私家车之间的换乘——这在国内铁路站房建设中首次实现了真正意义上的"零距离"换乘。

建筑结构上，南京站新站房建设采用了大量先进技术，主体结构由 18 根后倾钢管混凝土柱为主要受力构件，大面积、大跨度的斜拉索轻钢屋盖体系，现代化的悬挂结构技术，通透的点式玻璃幕墙，自动监控消防水炮，远距离送风大温差设计分层空调系统，处处体现了现代科技与新型建筑的完美结合。此外，车站同步建成了电视监控、电子引导、列车到发预告、多媒体查询等客站自动化管理信息集成系统，具有当时国内一流水平。

建筑环境设计上，南京站充分体现了建筑结构与自然环境的协调统一。新客站建有站前景观广场，包括主广场区、过渡性引导广场区和湖滨亲水休闲区。其中，过渡性引导区的中间绿地做下沉处理，放置各式景石，两侧伴以雪松树阵。湖滨亲水休闲区搭建了"亲水平台"，玄武湖中心有一个 138m 高水柱的"超级"喷泉，喷出的水流速度超过 100m/s，伸手触摸荡漾的湖水，即可感受到江南水乡的柔美。

此外，南京站还用工艺漆版画的形式展现了南京站建设历史，旅客候车过程中可领略南京铁路客运发展过程。从南京站，可以看到民族奋斗的历史和美好的未来。

 课后题

【实操】：参照 5.3.2 节 500mm 楼板创建方式，创建【复合天花板 600 * 600】，【标高】设置为【标高 2】，【自标高的高度偏移】为 3700mm，【类型属性】为【结构［1］】，厚度为 36mm，材质为【混凝土-现场浇筑混凝土-C30】。【面层 2［5］】厚度为 16mm，材质为【天花板-扣板 600 * 600mm】。

第6章　加油站数字化模型

本章内容提要：

加油站是另一常见交通工程基础设施结构，通常由大跨顶棚和便利店两部分构成。其中大跨顶棚用于为下部的车辆及加油设备提供遮蔽，跨度可达数十米，通常采用网架结构形式。网架结构是由多根杆件按照一定的网格形式通过节点连接而成的空间结构，具有空间受力小、质量轻、刚度大、抗震性能好等优点。网架结构由主体网架和下部支撑所组成，其中网架顶棚包括了球铰与连接杆件等，下部支撑包括结构柱（通常为钢结构）以及基础。加油站便利店结构一般为单层框架，结构形式简单，可利用 Revit 自带族类进行建模。

本章将以某实际加油站项目为例，按网架结构的顶棚、立柱、独立基础以及便利店建筑划分章节，详细介绍加油站建筑数字化模型建立流程。其中，6.1 节介绍网架结构以及便利店建筑的工程概况与建模思路；6.2 节介绍如何通过项目内建模型方法建立网架顶棚结构；6.3 节介绍混凝土独立基础建模方法，重点讲解嵌套族方法的使用技巧；6.4 节采用自建结构柱族建立可依附于项目标高的钢结构柱模型；6.5 节介绍网架结构模型组装方法；6.6 节介绍采用软件自带族库建立便利店结构模型；6.7 节以加氢站为例，简要介绍我国的"双碳"目标以及对全球的环保事业的主要贡献。

学习要点：

1. 了解网架结构特点及主要构件。
2. 理解族、嵌套族、内建模型等概念。
3. 掌握网架、自建柱、独立基础等构件建模方法。
4. 掌握使用内置族库建模方法。

■ 6.1 工程概况与建模思路

6.1.1 工程概况

本章以加油站为例进行三维建模操作说明。该加油站由两部分建筑组成，如图 6-1 所示，分别为以空间网架结构为主的钢结构网架、三层带幕墙的框架式混凝土便利店楼房建筑。网架结构长为 30m，宽为 25m，高为 7.8m。主体结构采用钢结构形式，连接方式主要采用螺栓连接，网架基础采用混凝土独立基础形式。便利店建筑共 3 层，建筑高度为 10.9m，结构形式为现浇钢筋混凝土框架。混凝土柱主要截面为 400mm×400mm。外墙部分采用玻璃幕墙，门采用双面嵌板玻璃门。便利店结构形式较为简单，可采用 Revit 软件中内置族库方式进行建模。

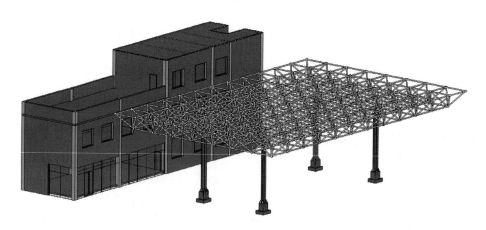

图 6-1　加油站三维图

6.1.2 建模思路

加油站建筑主要包含网架结构和便利店两部分，整体建模思路如图 6-2 所示。其中，网架结构主要由空间钢网架、钢结构柱、带螺栓的独立基础等构成。其结构形式较为特殊，因此无法直接调用 Revit 内置族库进行建模，需考虑采用自建族进行建模。本项目中网架结构包括球铰以及大量空间杆件，且重复度高，因此考虑采用【旋转】创建球铰，采用【放样】创建杆件，创建出一个结构然后通过【复制】来创建出整个结构。混凝土基础上采用嵌套族建模，即先用放样做出螺栓结构，然后再载入到由拉伸做出的混凝土基础中进行定位。考虑到钢柱需要与项目内标高进行关联，因而采用内建结构柱族建立钢柱模型。加油站便利店建筑是一个常规建筑模型，可以考虑直接采用 Revit 软件自带的样板项目进行建模。首先按常规房屋建模思路先创建标高，再创建轴网，然后从第一层结构柱开始按照图纸建模，其中设计的族文件均可在软件自带标准族库中找到。

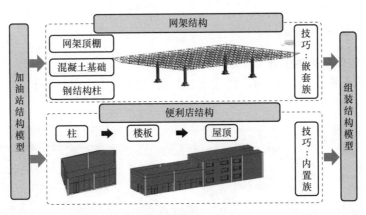

图 6-2　建模思路（加油站）

■ 6.2　加油站网架顶棚结构建模

6.2.1　网架顶棚概况

本次建模的加油站顶棚为空间网架结构，形状尺寸如图 6-3 所示。本节采用项目中内建模型与旋转、放样的方法创建网架 BIM 模型。

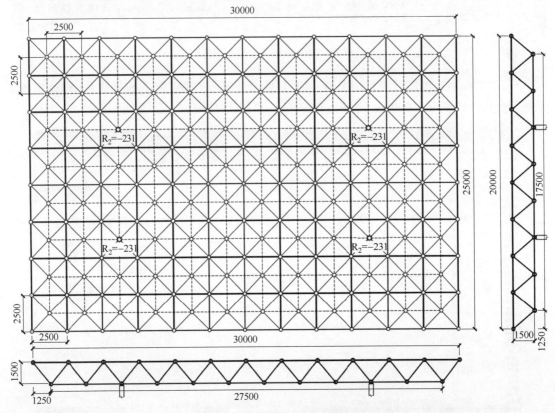

图 6-3　网架结构设计图（加油站）

6.2.2 网架顶棚内建模型

网架顶棚内建模型具体步骤如下：

1）选择结构样板。打开 Revit，在【项目】部分选择【结构样板】，如图 6-4 所示，打开 Revit 结构样板文件。

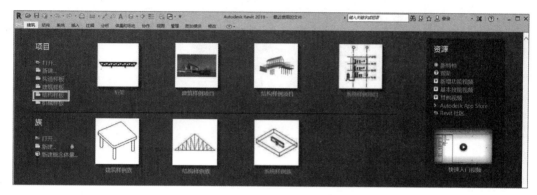

图 6-4　新建结构样板（加油站网架）

2）设置单位。选择【管理】工具栏，打开【设置】选项卡中单击【项目单位】，如图 6-5 所示，在弹出的对话框中将长度单位设置为 mm，以保证后期各部分拼装时单位统一。

图 6-5　设置单位（加油站网架）

3）绘制标高。单击【项目浏览器-网架】中【立面（建筑）】下的【东】，创建出所需标高，分别为柱顶为 6.000m、底棚为 6.300m、顶棚为 7.800m，如图 6-6 所示。

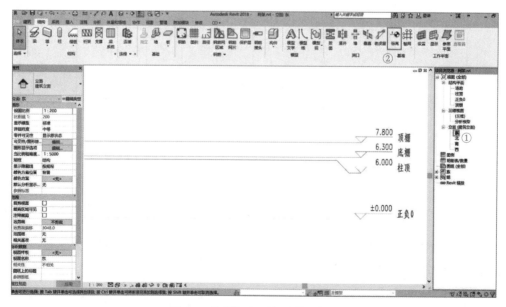

图 6-6　绘制标高（加油站网架）

4）绘制参照线。单击【项目浏览器-网架】中【结构平面】下的【顶棚】。在【结构】工具栏的【工作平面】选项卡，单击【参照平面】进行参照线绘制，并对参照线的尺寸进行标注，如图6-7所示。

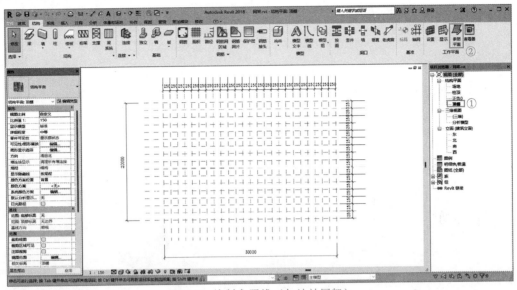

图6-7 绘制参照线（加油站网架）

5）创建内置构件。在【结构】工具栏中的【模型】选项卡，单击【构件】中的【内建模型】。打开【族类别和族参数】对话框，选择【常规模型】并单击【确定】，命名为【网架】，如图6-8所示。

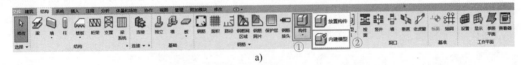

a)

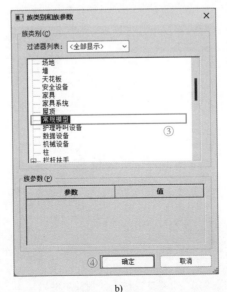

b)

图6-8 创建内置构件（加油站网架）

a)【结构】工具栏→【内置构件】 b) 新建常规模型族类别

6）创建球铰模型。在【创建】工具栏中选择【旋转】工具，单击【边界线】，再选择【线】与【圆心-端点弧】工具绘制闭合半圆轮廓；单击【轴线】，之后选择【线】工具绘制直线轮廓作为轴线，完成后单击【模式】选项卡上的【✔】，得到球铰，如图6-9所示。

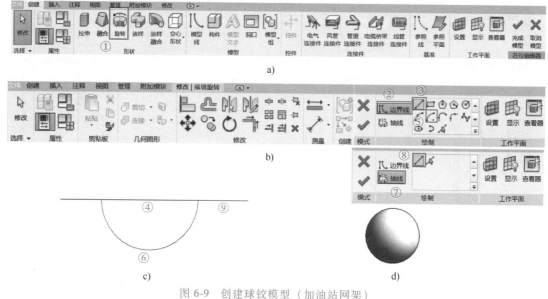

图6-9　创建球铰模型（加油站网架）

a）【创建】工具栏→【旋转】　b）【修改｜编辑旋转】工具栏　c）绘制轮廓及轴线　d）球铰模型

7）设置球铰材质。选中建好的模型，在【属性】面板中对【材质和装饰】进行参数关联。打开【关联族参数】对话框，单击【新建参数】，弹出【参数属性】对话框，参数命名为【球铰材料】，参数属性选为【实例】属性，创建好后单击【确定】按钮，如图6-10所示，这样就将材质进行参数化关联。

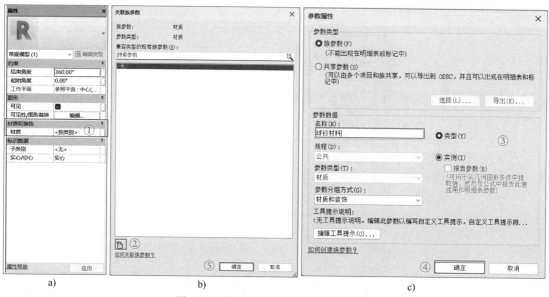

图6-10　设置球铰材质（加油站网架）

a）【属性】→【材质和装饰】　b）关联族参数　c）新建族参数

8）复制球铰。在【修改|旋转】工具栏中的【修改】选项卡，单击【复制】，根据图纸复制单个结构的上部分位置球铰；单击【项目管理器】中【立面】下的【南】平面，在【创建】工具栏的【基准】选项卡中，选择【参照平面】工具，绘制下部分球铰所在位置的参照线，并对参照线的尺寸进行标注，使用【复制】工具复制单个结构的下部分中心位置的球铰，如图 6-11 所示。

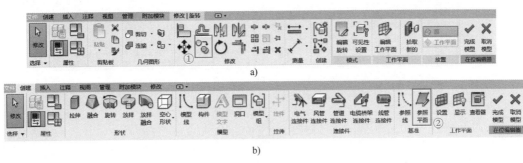

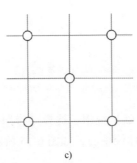

图 6-11　复制球铰（加油站网架）

a)【修改|旋转】工具栏　b)【创建】工具栏→【参照平面】　c）单个结构球铰图

9）绘制模型线。选择【顶棚】平面，在【结构】工具栏中选择【模型线】工具，在左下角上部分位置的球铰中心处绘制偏右上角 45°的模型线，终点为圆弧上；选择【南】平面，选择【模型线】工具，进入【工作平面】对话框，选择【拾取一个平面】，单击【确定】按钮，之后选择部分球铰所在位置的参照线进入到【转到视图】对话框，选择【结构平面：场地】并单击【打开视图】，如图 6-12 所示，在下部分中心位置的球铰中心处绘制和上述一样的模型线。

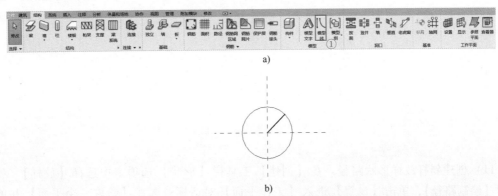

图 6-12　绘制模型线（加油站网架）

a)【结构】工具栏→【模型线】　b）绘制一个球铰模型线

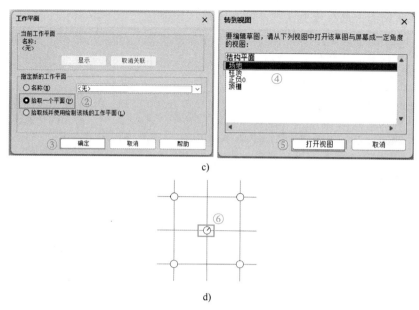

c)

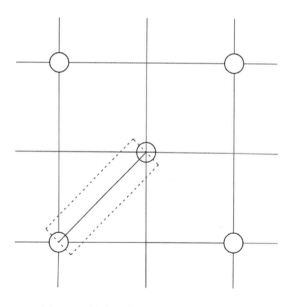

d)

图 6-12　绘制模型线（加油站网架）（续）

c）指定工作平面　d）绘制中心球铰模型线

10）创建新参照平面。转到【基础】视图，选择【参照平面】工具，创建新的参照平面，起点为左下角球铰中心，终点为中心球铰中心，如图 6-13 所示。

图 6-13　创建新参照平面（加油站网架）

11）创建斜杆放样形状路径。在【创建】工具栏【形状】选项卡中选择【放样】工具，选择【绘制路径】，单击【设置】进入【工作平面】对话框；选择【拾取一个平面】并单击【确定】，之后选择新绘制的参照平面；打开【转到视图】对话框；选择【三维视图：｛三维┤】并单击【打开视图】，之后选择【线】工具绘制路径，完成后单击【✔】，如图6-14所示。

12）创建斜杆放样轮廓。在【修改|放样】工具栏中单击【编辑轮廓】，选择【圆形】工具，根据图纸画出杆件轮廓，完成后单击【✔】；选中之前绘制好的模型线，按<Delete>键进行删除，如图6-15所示。

13）设置杆件材质。选中建好的杆件模型，在【属性】面板中对【材质和装饰】进行参数关联，材质参数命名为【杆件材质】。

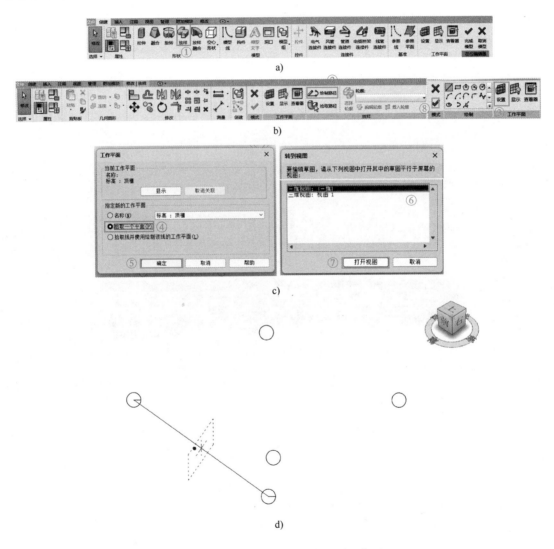

图6-14　绘制放样路径（加油站网架）

a)【创建】工具栏→【放样】　b)【修改|放样】工具栏　c)指定工作平面　d)绘制两球铰间的放样路径

14）镜像工具创建其他杆件。选择已经画好的杆件，在【修改】工具栏中的【修改】选项卡中，选择【镜像】工具，以中心球所在的两个参照平面为对称轴画出剩下的三根杆件，如图6-16所示。

15）创建一排结构。在【基础】平面中，选择除了最左侧两个球铰的所有结构，在【修改|选择多个】工具栏中的【修改】选项卡中，选择【复制】工具，按照图纸复制出一排结构，如图6-17所示。

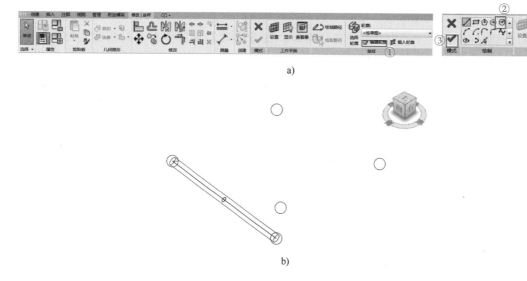

图 6-15　放样轮廓绘制（加油站网加）

a）【修改|放样】工具栏　b）绘制两球铰间的放样轮廓

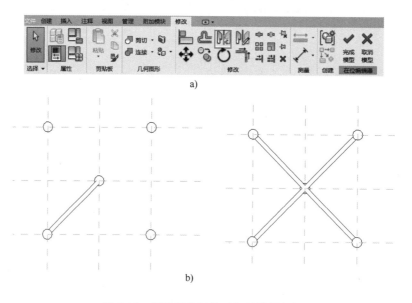

图 6-16　创建其他杆件（加油站网架）

a）【修改】→【镜像】　b）绘制两球铰间的放样轮廓

16）创建整个结构。选择除了最下部一排球铰的所有结构，在【修改】工具栏中的【修改】选项卡中，选择【复制】工具，按照图纸画出所有结构，如图6-18所示。

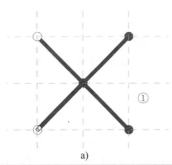

a)

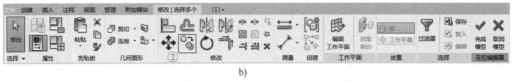

b)

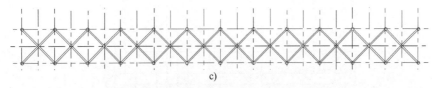

c)

图 6-17　创建一排结构（加油站网架）

a）选择结构　b）绘制两球铰间的放样轮廓　c）绘制一排结构

17）创建网架水平杆。在【基础】平面中，使用【放样】工具，根据图纸创建出网架四周的杆件，如图 6-19 所示。其中上部杆件需要在上面参照平面上画，下部杆件需要在下面参照平面上画。

18）关联整体杆件材质。单击左边【项目浏览器】中【三维视图】下的【三维】，选中所有杆件，在【属性】面板中通过【材质和装饰】打开【关联族参数】对话框，选中之前设置好的【杆件材质】并单击【确定】。在【修改|拉伸】工具栏中的【在位编辑器】选项

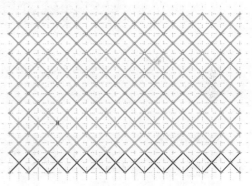

图 6-18　创建整个结构（加油站网架）

卡，单击【✔完成模型】，完成网架模型，操作步骤如图 6-20 所示。

19）绘制底座。新建【公制常规模型】族。首先在参照标高上使用【参照平面】工具依据图纸画出参照线；之后选择【放样】工具，单击【绘制路径】选择【矩形】，根据已有的参照线画出形状，把各边"锁"住后单击【✔】；选择【编辑轮廓】进入到【转到视图】面板，选择【立面：左】并单击【打开视图】，选择【线】绘制通过中心的"直角三角形"，完成底座的绘制。操作步骤如图 6-21 所示。

20）安装底座。在【修改】工具栏中的【族编辑器】选项卡，单击【载入到项目】进入到【载入到项目中】对话框，勾选已有的【网架】项目，并单击【确定】。之后根据图纸在网架的正确位置安装底座，其中底座的顶部要与网架下部的球铰中心重合。最后保存结构。上述操作步骤如图 6-22 所示。完成上述操作后，可以转到三维视图观察完整结构；确认没有问题后可以保存项目文件。

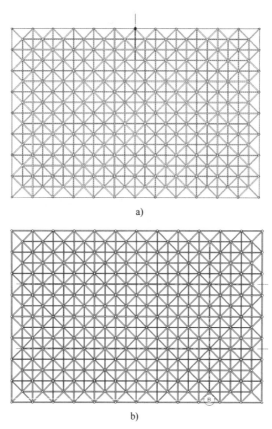

a)

b)

图 6-19　创建网架水平杆（加油站）

a）绘制水平杆放样路径　b）完成所有水平杆绘制

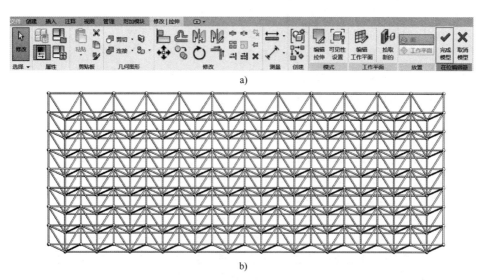

a)

b)

图 6-20　完成网架模型（加油站）

a）【修改｜拉伸】　b）网架模型图

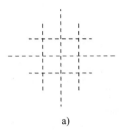

a)

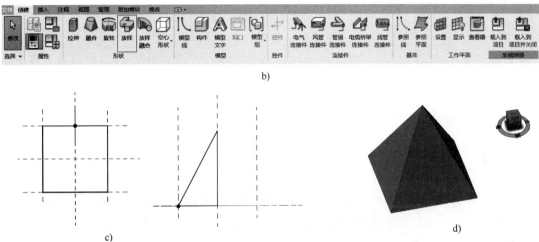

b)

c)　　　　　　　　　　　　　　　　　　d)

图 6-21　绘制网架底座（加油站）

a）绘制底座参照线　b）【创建】工具栏→【放样】　c）绘制底座放样路径及放样轮廓　d）底座模型图

a)

b)

图 6-22　安装底座（加油站）

a）【修改】工具栏→【载入到项目】　b）载入到网架项目中

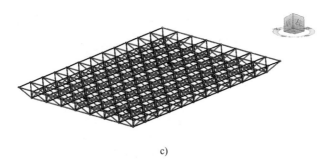

c)

图 6-22　安装底座（加油站）（续）

c）找到底座位置进行安装

■ 6.3　混凝土独立基础建模

6.3.1　混凝土独立基础概况

混凝土独立基础及螺栓的形状尺寸如图 6-23～图 6-25 所示。本节采用基本的拉伸创建基础主体部分，采用放样创建螺栓部分，然后采用族的嵌套方法完成整体族的组装。

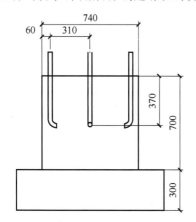

图 6-23　混凝土基础立面图（加油站网架）

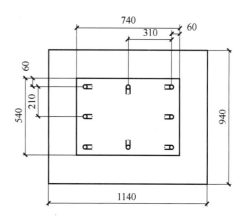

图 6-24　混凝土基础平面图（加油站网架）

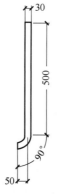

图 6-25　螺栓图（加油站网架独立基础）

6.3.2　紧固螺栓族建模

紧固螺栓族建模具体步骤如下：

1）族样板选择。打开 Revit，在【族】部分选择【新建】，打开 Revit 样板库，选择【公制常规模型】作为样板文件，设置好单位，如图 6-26 所示。

紧固螺栓族建模

图 6-26　族样板选择（加油站网架独立基础）

2）绘制放样参照线。在参照标高上用参照线绘制截面圆，再从【项目浏览器】中跳转到前立面视图，绘制放样路径线，如图 6-27 所示。

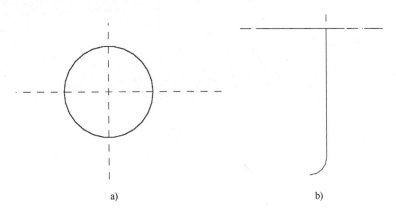

图 6-27　绘制放样参照线（加油站网架独立基础）

a）绘制放样截面　b）绘制放样路径

3）创建放样形状。在【创建】工具栏选择【放样】，再单击【拾取路径】，选中前立面绘制的路径中心线；继续在【放样】选项卡中选择【编辑轮廓】，然后选择转到【楼层平面：参照标高】，在【绘制】选项卡中选择【拾取线】，选择之前绘制的截面圆，如图 6-28 所示。

4）设置材质。选中建好的模型，在【属性】面板中对【材质和装饰】进行参数关联。打开【关联族参数】对话框，选择【新建参数】，参数命名为【螺栓材质】，参数属性为【类型】，创建好后单击【确定】，这样就将材质进行参数化关联。

5）保存结构。完成上述操作后，可以转到三维视图观察完整结构；确认没有问题后可以保存项目文件，命名为【螺栓】，如图6-29所示。

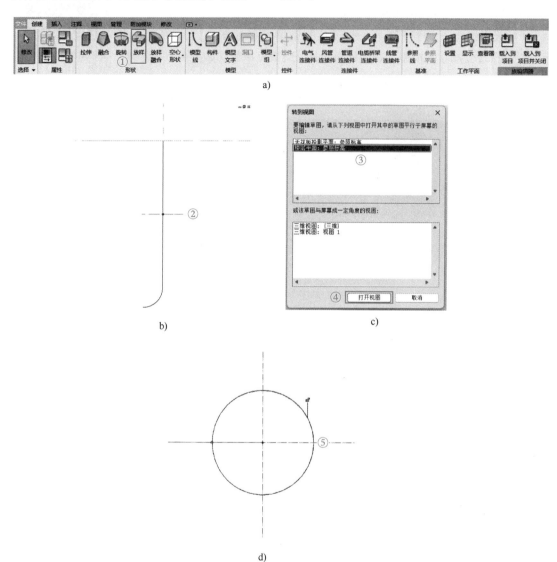

图6-28 创建放样形状（加油站网架独立基础）
a)【创建】工具栏→【放样】 b) 选择放样路径 c) 转到放样截面视图 d) 选择放样截面

6.3.3 混凝土独立基础族建模

混凝土独立基础族建模具体操作步骤如下：

1）选择族样板。打开 Revit，在【族】部分选择【新建】，打开 Revit 样板库，选择【公制常规模型】作为样板文件。

2）设置单位。选择【管理】工具栏，打开【项目单位】，将长度单位设置为 mm，以保证后期各部分拼装时单位统一。

a)

b)

c)

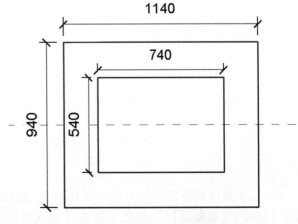

d)

图 6-29　螺栓的创建（加油站网架独立基础）

a）材质和装饰　b）新建参数　c）参数属性　d）螺栓三维图

3）绘制参照线。在【创建】工具栏中的【基准】选项卡的上，选择【参照线】，在参照标高上按照混凝土基础平面图绘制轮廓用于下一步创建拉伸形状，如图 6-30 所示。

4）创建拉伸形状。在【创建】工具栏中选择【拉伸】工具创建梁阶段模型，根据上一步创建的参照线，使用【线】工具绘制内圈截面的轮廓。重复步骤，做出外圈拉伸，如图 6-31 所示。

图 6-30　绘制参照线（加油站网架独立基础）

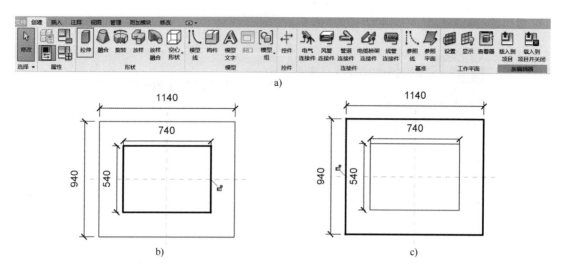

a)

图 6-31 创建拉伸形状（加油站网架独立基础）

a)【创建】工具栏→【拉伸】 b) 绘制内圈拉伸轮廓 c) 绘制外圈拉伸轮廓

5）确定独立基础高度。在【项目浏览器】中将视图切换到【前立面】，选择外圈拉伸，再到属性栏中指定【拉伸起点】与【拉伸终点】的参数，参数根据混凝土基础立面图确定。再选中内圈的拉伸，用相同步骤创建出混凝土基座整体，如图 6-32 所示。

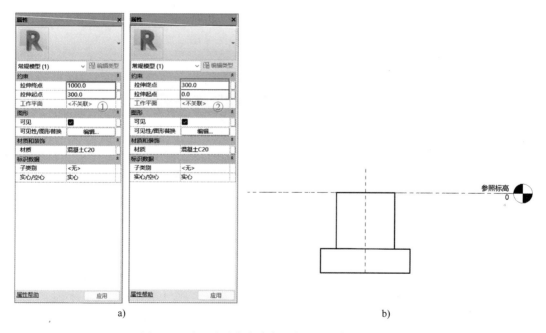

图 6-32 独立基础高度确定（加油站网架独立基础）

a) 设置拉伸位置 b) 拉伸完成效果

6）定位螺栓到基础。同时打开【螺栓】与【混凝土基础】两个族项目，在【螺栓】项目【修改|常规模型】工具栏中单击【载入到项目】，如果仅有两个项目，会默认载入

另一个，如果打开数个项目，则选择【混凝土基础】即可，以完成族的嵌套。先按<ESC>键取消放置构件，在【混凝土基础】族中跳转到参照标高视图，使用【参照线】按照定位图绘制参照以确定螺栓坐标；完成之后在【创建】工具栏中的【模型】选项卡上单击【构件】，调出螺栓模型，在参照标高上放置螺栓，可以按<空格>键对模型的方向进行切换，完成平面放置；接下来切换到前立面视图，选中所有螺栓，然后单击【修改】选项卡中的【移动】，将螺栓标高移动到图纸示意位置完成建模，如图6-33所示。最后指定混凝土基础的材质，删掉不需要的参照线。

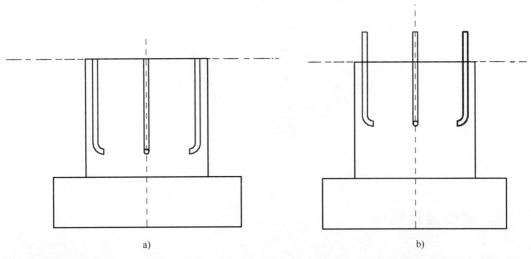

a)　　　　　　　　　　　　　　b)

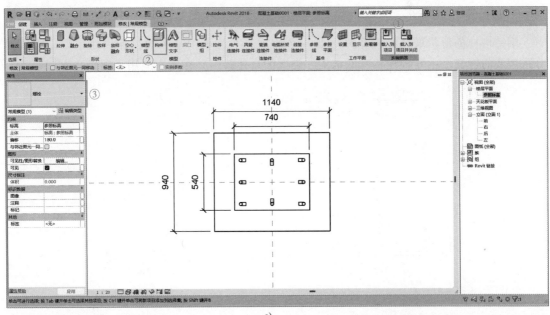

c)

图6-33　定位螺栓到基础（加油站网架独立基础）

a）调整螺栓标高前　b）调整螺栓标高后　c）载入螺栓族到混凝土基础族内

7）保存结构。完成上述操作后，可以转到三维视图观察完整结构，如图 6-34 所示；确认没有问题后可以保存族文件，命名为【混凝土独立基础】。

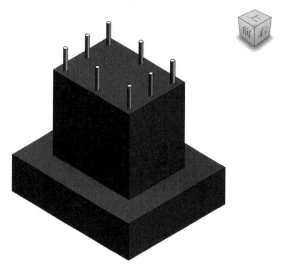

图 6-34　混凝土独立基础三维图（加油站）

■ 6.4　钢结构柱建模

6.4.1　钢结构柱概况

钢结构柱的形状尺寸如图 6-35～图 6-37 所示。本节采用基本的拉伸创建模型，肋板部分采用族的嵌套，主要创建特殊的结构柱类型的自建族，并在后文应用于项目之中。

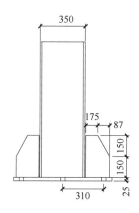

图 6-35　钢柱右立面图（加油站网架）

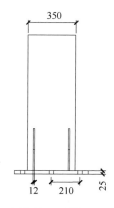

图 6-36　钢柱前立面图（加油站网架）

6.4.2　钢柱肋板族建模

钢柱肋板族建模具体操作步骤如下：

1）创建肋板底座族。打开 Revit，在【族】部分选择【新建】，打开 Revit 样板库，选择【公制常规模型】作为样板文件，设置好单位。

2）绘制参照线。在【创建】工具栏中的【基准】选项模块中，选择【参照线】，在参照标高上按照钢柱平面图绘制肋板底座轮廓用于下一步创建拉伸形状，钻孔仅需绘制右下角，其余的可以通过【修改】工具栏中【复制】和【镜像】创建，如图 6-38 所示。

3）创建底板拉伸形状。在【创建】工具栏中选择【拉伸】工具创建梁阶段模型，根据上一步创建的参照线，使用【绘制】选项卡中【拾取线】工具选择底板轮廓，在属性栏中指定拉伸起点与终点，如图 6-39 所示。

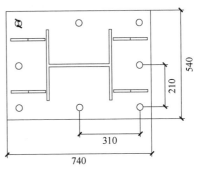

图 6-37 钢柱平面图（加油站网架）

4）创建肋板及放置。从【项目浏览器-底板肋板】中跳转到前立面视图，工作平面自动切换，在该视图中按钢柱前立面图绘制一个肋板轮廓，并创建拉伸；再转到参照标高视图中选中拉伸的肋板，利用【移动】【镜像】创建多个肋板，之后删除不需要的参照线，最后指定材质即可完成底座的创建，如图 6-40 所示。

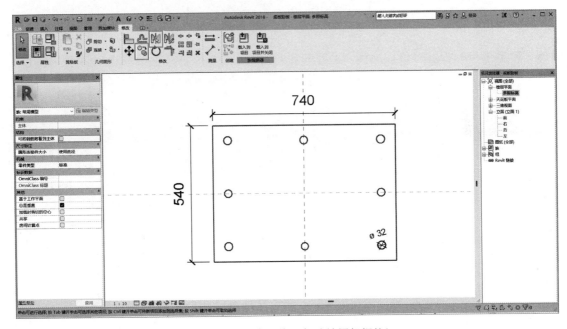

图 6-38 绘制参照线（加油站网架钢柱）

6.4.3 结构柱族建模

结构柱族建模具体操作步骤如下：

1）创建定制结构柱族。在【新建】中选择【族】，打开 Revit 样板库，选择【公制结构柱】作为样板文件，设置好单位；在【项目浏览器】中【楼层平面】下的【低于参照标高】视图里删掉不需要的参照线，留下左右中心十字即可；根据钢柱平面图中给出的钢柱型号 HW3505350513513 在【低于参照标高】视图绘制截面轮廓；根据轮廓线创建拉伸，再于前立面视图里把新建的拉伸上下定位到【低于参照标高】与【高于参照标高】，并单击小锁建立约束；指定材质，完成结构柱的创建，如图 6-41 所示。

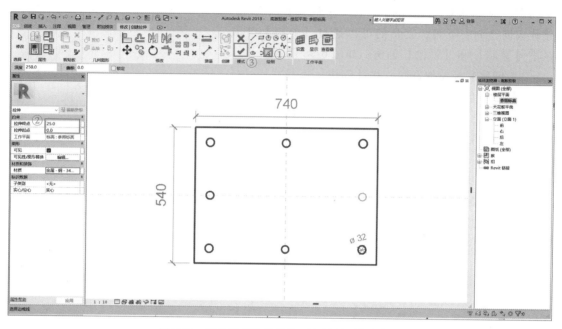

图 6-39　创建底板拉伸形状（加油站网架钢柱）

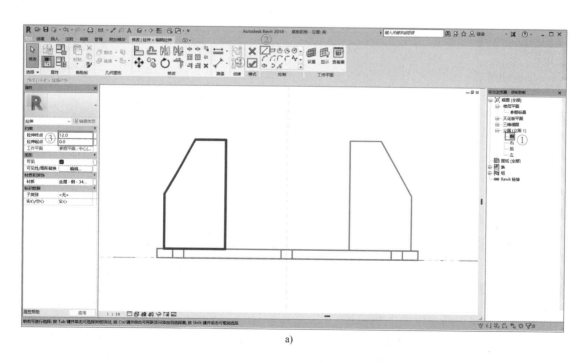

a)

图 6-40　创建肋板及放置（加油站网架钢柱）

a）相关操作命令

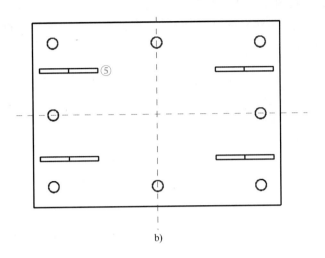

b)

图 6-40　创建肋板及放置（加油站网架钢柱）（续）

b）完成效果图

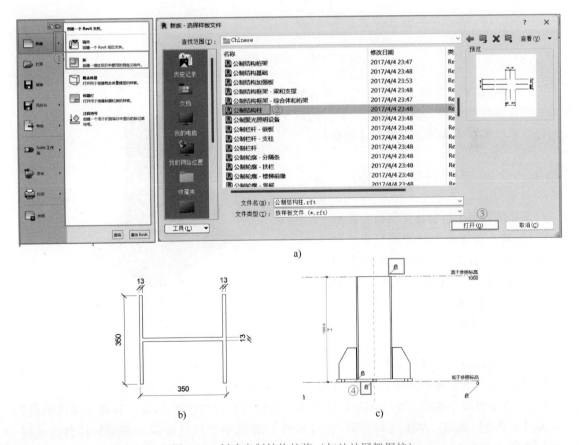

a)

b)　　　　　　　　c)

图 6-41　创建定制结构柱族（加油站网架钢柱）

a）新建公制结构柱族　b）绘制柱界面　c）创建柱拉伸

2）组合自建族。在顶部窗口栏中单击【切换窗口】选择【底板肋板】项目，依次单击【载入到项目】，选择上一步建立的【结构柱】，直接在【低于参照标高】视图中放置到原点即可，如图 6-42 所示。

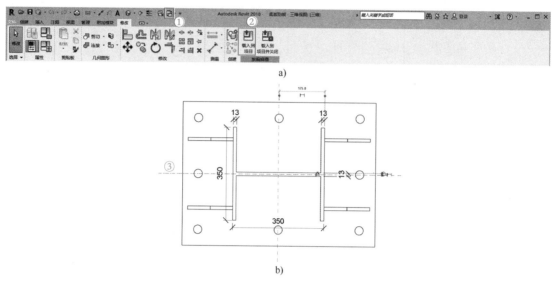

图 6-42　组合自建族（加油站网架钢柱）
a）切换项目窗口　b）放置载入底板族

3）保存结构。完成上述操作后，可以转到三维视图观察完整结构，如图 6-43 所示；确认没有问题后可以保存族文件，命名为【钢柱】。

■ 6.5　网架项目模型组装

网架项目模型组装具体操作步骤如下：

1）载入自建族到网架项目中。在 Revit 中打开上一节的所有模型，包括【网架】项目、【混凝土独立基础】族、【钢柱】族。分别切换窗口到【混凝土基础】族和【钢柱】族，通过【载入到项目】，选择【网架】项目，将族载入【网架】项目中。

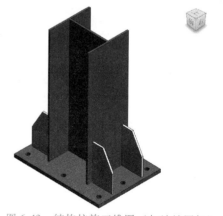

图 6-43　结构柱族三维图（加油站网架）

2）绘制轴网。在【网架】项目中，通过【项目浏览器-网架】转到【结构平面】下的【柱顶】视图，然后根据网架上固定柱脚的位置绘制轴网，如图 6-44 所示。

3）放置混凝土基础。在【网架】项目中，通过【项目浏览器-网架】转到【结构平面】下的【正负 0】视图；单击【构件】，在【属性】面板中选择【混凝土基础】构件，【标高】选择【正负 0】，【偏移】设置为【0.0】；用鼠标在主界面单击放置，将混凝土基础放置到轴网相交处即可，如图 6-45 所示。

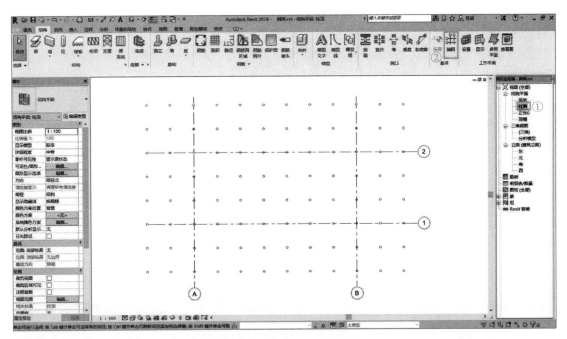

图 6-44　绘制轴网（加油站网架）

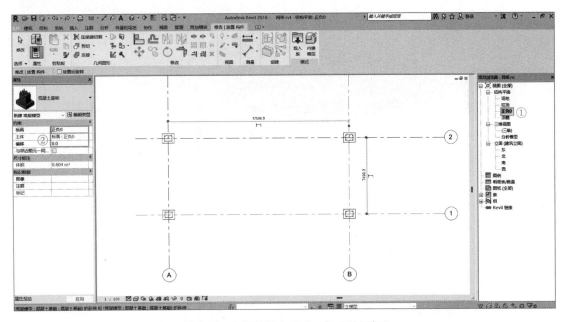

图 6-45　放置混凝土基础（加油站网架）

4）放置钢柱。继续在【结构平面】下的【正负0】视图中操作；从【结构】中单击【结构柱】，在【属性】面板中选中【钢柱（嵌套族）】，放置选项选择【高度】与【柱顶】即可，在主界面单击放置，把钢柱放置到轴网相交处即可，如图 6-46 所示。

5）保存项目。完成上述操作后，可以转到三维视图观察完整结构，如图 6-47 所示；确认没有问题后可以保存项目文件，命名为【网架】。

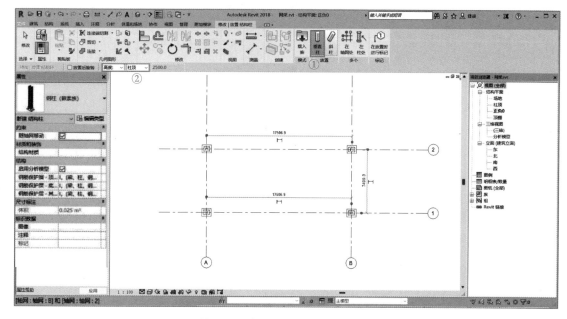

图 6-46　放置钢柱（加油站网架）

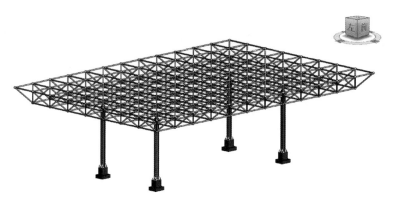

图 6-47　加油站网架结构三维图

6.6　加油站便利店建筑

6.6.1　加油站便利店建筑概况

本节以加油站便利店为例，进行建筑的三维建模操作说明，该便利店的立面图如图 6-48 所示，为一座三层楼房建筑，建筑高度 10.9m，整体结构为框架式结构，主要力学构件为柱和梁，其房屋装饰部分运用了公制玻璃推拉窗与整体玻璃幕墙，其中玻璃幕墙的建模与一般墙体有所区别，在建模过程中将会有所体现。该便利店首层平面图如图 6-49 所示。本节采用软件内自带族库对该楼房建筑进行建模。

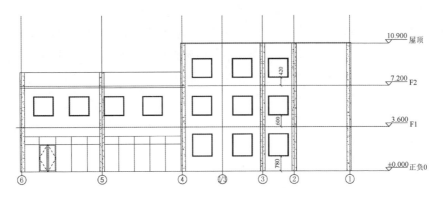

图 6-48 便利店建筑立面图（加油站）

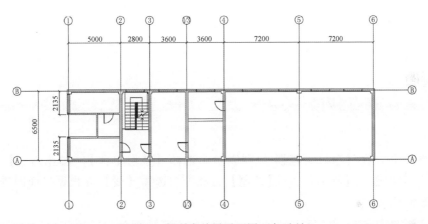

图 6-49 便利店首层平面图（加油站）

6.6.2 便利店建筑建模

便利店建筑建模具体操作步骤如下：

1）新建构造样板。打开 Revit，在【项目】部分选择【新建】，选择【构造样板】作为样板文件，如图 6-50 所示。

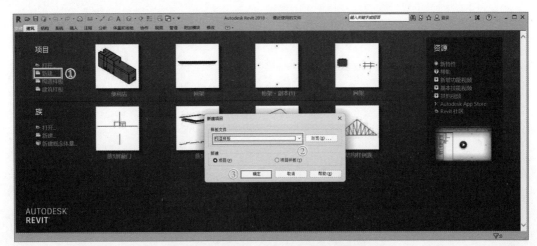

图 6-50 新建构造样板（加油站便利店）

2）新建标高。打开立面视图，在【项目浏览器-便利店】中选择【立面（建筑立面）】，任选其中一个立面进行操作。在【建筑】工具栏的【基准】选项卡中选择【标高】，在【绘制】选项卡中选择【线】根据立面图标高进行标高的绘制，如图6-51所示。

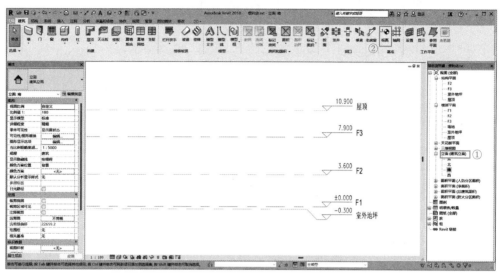

图6-51　绘制标高（加油站便利店）

3）绘制轴网。在【项目浏览器-便利店】中选择【楼层平面】，在【建筑】工具栏的【基准】选项卡中选择【轴网】，在【绘制】选项卡中选择【线】并根据平面图进行轴网的绘制，如图6-52所示。

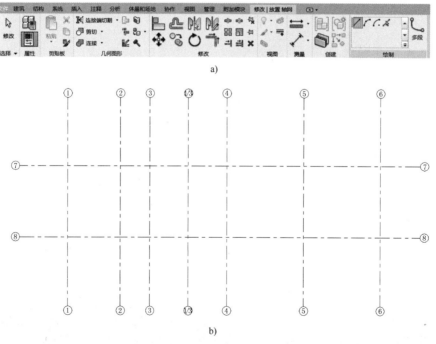

图6-52　绘制轴网（加油站便利店）

a)【修改|放置 轴网】工具栏→【绘制】　b）轴网

4）放置结构柱。在【结构】工具栏中选择【柱】，单击【属性】面板上的【编辑类型】，在弹出的【类型属性】对话框中对柱的类型进行选择。单击【载入】，在打开【载入族】对话框里选择【混凝土-正方形-柱】，并将尺寸调整为400mm×400mm。将【高度】设置为连接到【F2】，单击【垂直柱】，根据平面图进行结构柱的放置，如图6-53所示。

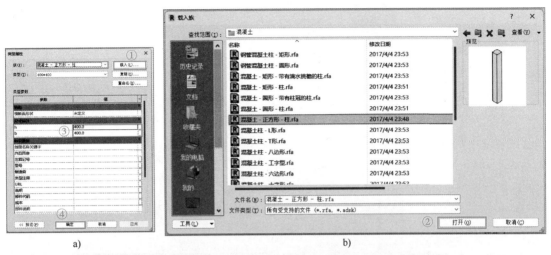

a)

b)

c)

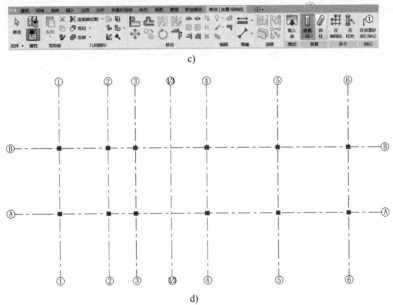

d)

图6-53　放置结构柱（加油站便利店）

a）编辑柱的类型　b）载入路径　c）选择【垂直柱】工具　d）放置柱

5）建立墙体。在【建筑】工具栏中选择【墙】，将【底部约束】设置为【F1】，将【顶部约束】设置为【直到标高：F2】。单击【编辑类型】，在【结构】选项处选择【编辑】进入【编辑部件】对话框如图6-54a所示，对墙体结构进行编辑，设置墙体结构的材质和厚度。其中，面层1【4】材质为【隔热层/保温层】，厚度为10.0；结构【1】材质为混凝土，厚度为220.0。最后根据平面图进行墙体的绘制，如图6-54b所示。

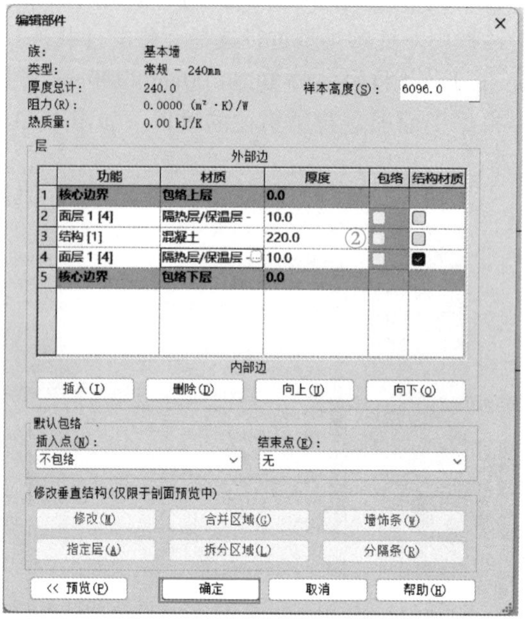

a)

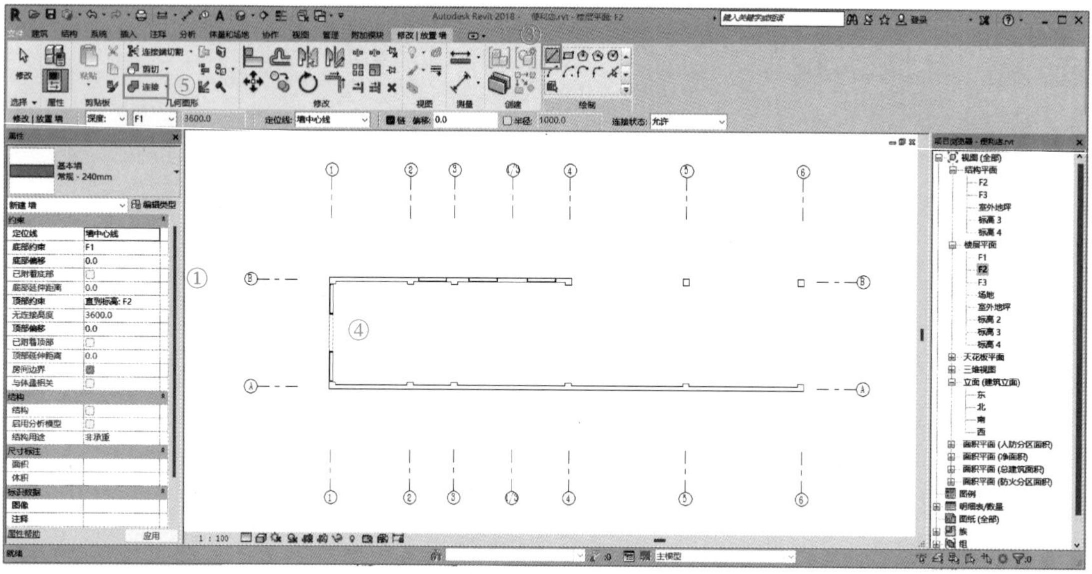

b)

图 6-54　墙体的绘制（加油站便利店）

a）设置墙的类型属性　b）绘制墙

6）连接墙体和柱。墙体绘制完成后单击【连接】选项（图 6-54b），再单击需要进行连接的墙和柱，并将其进行连接，如图 6-55 所示。

7）建立幕墙。与墙体的建立类似，在【结构】工具栏中选择【墙】，单击【编辑类型】，将【族】选项修改为【系统族：幕墙】，【类型】选项修改为【店面】，根据首层平面图进行幕墙的绘制。幕墙三维视图如图 6-56 所示。

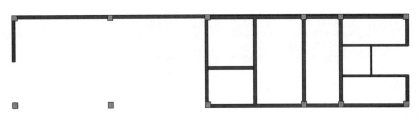

图 6-55 连接墙体和柱（加油站便利店）

图 6-56 幕墙三维视图（加油站便利店）

8）放置门。单击【建筑】工具栏，选择【门】，单击【编辑类型】，在【族】选项中选择【单嵌板木门 1】，将【尺寸标注】中的【粗略宽度】修改为 800.0，【粗略高度】改为 2100.0。类似的，可以在【族】中选择【双面嵌板玻璃门】，尺寸修改为 1200mm × 2100mm。根据首层平面图进行门的绘制，如图 6-57 所示。

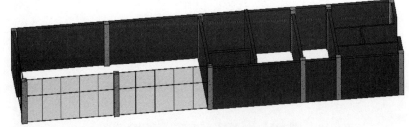

a)

图 6-57 放置门（加油站便利店）

a）设置单嵌板木门属性

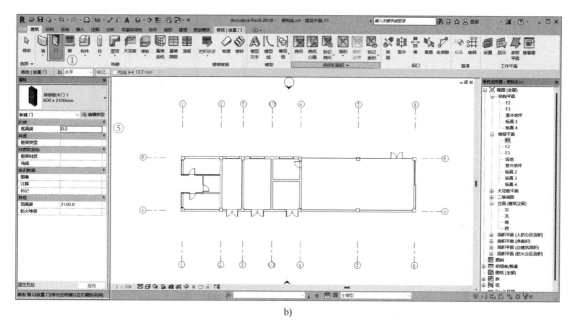

b)

图 6-57　放置门（加油站便利店）（续）

b）绘制门

9）建立窗。在【建筑】工具栏中选择【窗】，单击【编辑类型】。将【族】选项修改为【固定】，【尺寸标注】选项中将尺寸改为 1700mm×1800mm。将【限制高度】中的【底高度】修改为 1000。根据首层平面图进行窗的绘制，如图 6-58 所示。

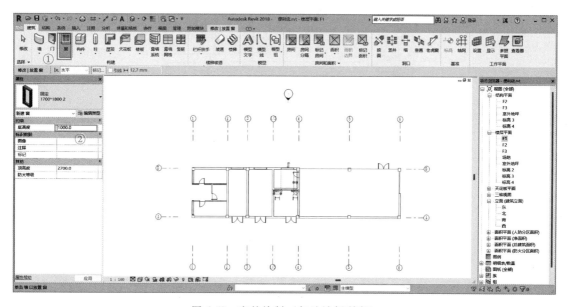

图 6-58　窗的绘制（加油站便利店）

10）建立楼板。在【建筑】工具栏中选择【楼板】，在【绘制】选项卡选择【线】对建筑平面进行框选，框选完成后单击【】，如图 6-59 所示。

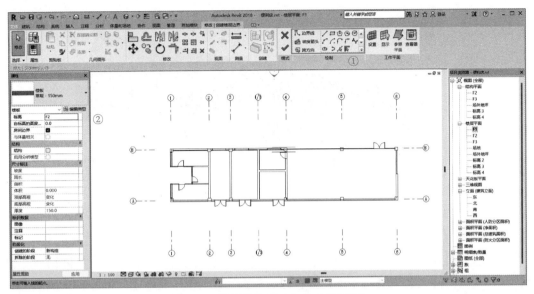

图 6-59 楼板的绘制（加油站便利店）

11）建立楼梯。在【建筑】工具栏中选择【楼梯】，将【底部标高】设置成【F1】，将【顶部标高】设置为【F2】，根据平面图楼梯位置进行楼梯的绘制。布置后打开【三维视图】，操作步骤和首层的整体效果图如图 6-60 所示。

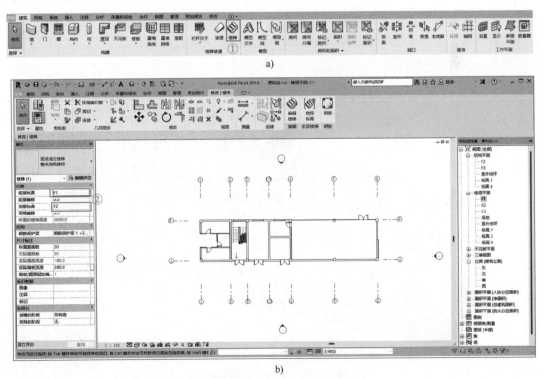

a)

b)

图 6-60 楼梯的建立（加油站便利店）

a)【建筑】工具栏→【楼梯】 b）绘制楼梯

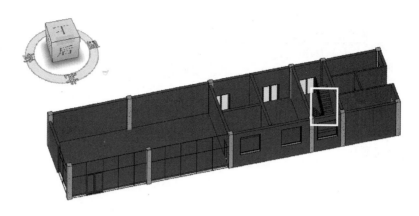

c)

图 6-60　楼梯的建立（加油站便利店）（续）

c）首层效果图

12）建立天花板。二、三层绘制完成后在【建筑】工具栏中选择【天花板】，在【绘制】选项卡选择【线】对建筑平面进行框选，框选完成后单击【✔】，如图 6-61 所示。

图 6-61　绘制天花板（加油站便利店）

13）保存项目。完成上述操作后，可以转到三维视图观察完整结构，如图 6-62 所示；确认没有问题后可以保存项目文件，命名为【便利店】。

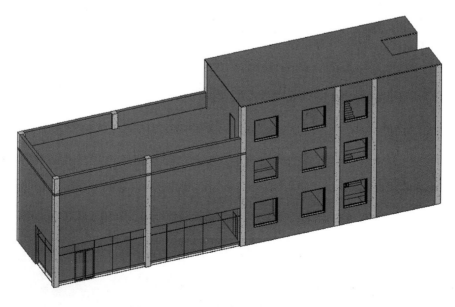

图 6-62　最终效果图（加油站便利店）

■ 6.7 "双碳"目标下的加氢站

"双碳",即碳达峰与碳中和的简称。2020年9月,我国提出力争2030年前实现碳达峰,2060年前实现碳中和的"双碳"目标。该目标指导我国加快降低碳排放步伐,持续推进产业结构和能源结构调整,引导绿色技术创新,提高产业和经济的全球竞争力。

"双碳"战略要求大力发展风电、水电等绿色可再生能源,不断提升其在能源结构中的比重。其中,氢能源作为一种清洁能源,是我国重点发展的新能源领域之一。据统计,我国有近30个省份、150多个城市在其"十四五"规划中提及氢能发展,有50多个城市出台了地方氢能产业发展专项规划,根据各省规划目标,到2025年全国将建成加氢站1000余座,推广氢燃料车5万余辆。

目前,氢能源汽车在公共交通领域得到了人规模应用。仅以张家口市为例,截至2021年10月,张家口市已投运氢燃料公交车300余辆,成为全国氢燃料公交车运营数量领先的城市之一。在北京冬奥会期间,张家口赛区投入运营氢燃料大巴车500余辆。为保障氢能源车辆燃料供应,张家口市建成了有2座制氢厂和6座加氢站。借助冬奥的机遇,氢能被更多的民众了解和认可,中国的氢能产业必将进入高速发展的快车道。

与此同时,需要清醒地认识到,我国氢能产业当前还处于发展的初级阶段,仍面临多方面的瓶颈和制约。要有针对性地剖析我国各地氢能禀赋差异及未来发展潜力,在科学分析的基础上,引领各地区因地制宜,走差异化、高质量发展道路,从而推动氢能产业合理布局,领导产业健康有序发展。

 课后题

【实操】:参照6.6.2节中建筑项目建模方法,根据首层的绘制方法,建立便利店建筑第二、三层BIM模型。

第7章　地铁站数字化模型

本章内容提要：

地铁是在城市地下空间中修建的电力牵引的轨道交通方式，具有运量大、速度快、干扰小、能耗低、准时性好等诸多优点，被誉为现代城市的大动脉。地铁站是典型的交通枢纽结构，也常与航站楼、客运中心、港口码头、火车站等其他枢纽结构建立为整体结构。地铁站一般分为站台层和站厅层两部分。本章将以地铁站作为教学案例，按照主体部分、附属部分两部分介绍地铁车站 BIM 模型建立流程，并详解定制族的建模技巧。后续章节中，7.1 节介绍地铁站项目概况及建模思路；7.2 节介绍项目创建方法以及标高轴网的绘制；7.3 节详解地铁站主体结构的建模，主要包括柱、墙和楼板等；7.4 节详解地铁站楼梯和自动扶梯、幕墙、门窗、天花板等附属构件的建模方法；7.5 节采用定制族方法创建方通和屏蔽门族；7.6 节介绍我国盾构机技术从被西方技术垄断发展到世界一流水平。

学习要点：

1. 了解项目创建以及标高轴网的绘制。
2. 掌握系统族的载入、族参数编辑等方法。
3. 掌握地铁站各层天花板的绘制。
4. 掌握利用族模板创建自建族方法，熟练掌握参数化族创建方法。

■ 7.1 项目概况与建模思路

7.1.1 项目概况

本章以地铁站为例，使用 Revit 进行地铁站的三维建模。该地铁站分为两层，上层为站厅下层为站台，总长为 110m，宽为 20m，高为 11m。枢纽站的墙体分为 200mm 厚和 100mm 厚两种规格，柱子采用截面为 800mm×800mm。地铁站还包含楼梯、自动扶梯、平开门窗等部件，采用系统族方法建立。另外，方通和屏蔽门采用自建族方法建立。地铁站三维视图及剖面图分别如图 7-1 和图 7-2 所示。

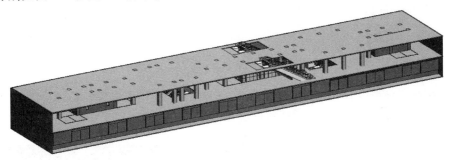

图 7-1 地铁站三维视图

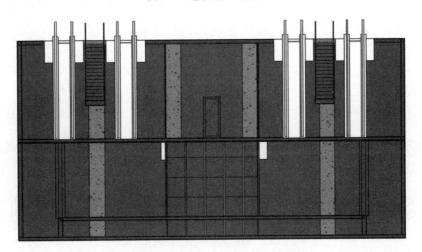

图 7-2 地铁站剖面图

7.1.2 建模思路

本节将地铁站建筑分为主体结构、附属构件和定制族类三部分分别建立模型。主体部分包括结构柱、建筑墙和建筑楼板。附属部分包括楼梯、自动扶梯、门窗、幕墙和天花板，其中扶梯和门窗采用 Revit 系统自带族进行建模。定制族为方通族和屏蔽门族两类，方通族以基于天花板的公制常规模型作为样板采用参数化方法建立，屏蔽门族采用公制常规模型作为样板。整体建模思路如图 7-3 所示。

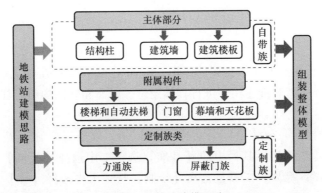

图 7-3 地铁站建模思路

■ 7.2 创建项目及绘制标高轴网

7.2.1 创建项目

1）新建建筑样板。打开 Revit，在【项目】部分下单击【新建】按钮，选择【建筑样板】作为样板文件，单击【确定】按钮完成项目文件的创建，如图 7-4 所示。

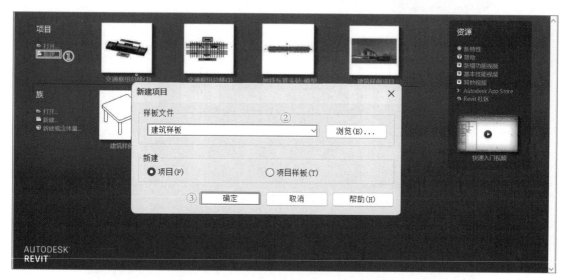

图 7-4 新建项目样板（地铁站）

2）设置单位。在【管理】工具栏中的【设置】选项卡中选择【项目单位】工具，如图 7-5 所示。打开【项目单位】对话框，设置当前项目的长度单位为 mm，面积单位为 m^2，体积单位为 m^3，质量密度单位为 kg/m^3，单击【确定】按钮完成项目单位设置，如图 7-6 所示。

图 7-5 【管理】工具栏→【项目单位】（地铁站）

7.2.2 绘制标高轴网

标高在 Revit 建模中有着非常重要的作用，Revit 建模中很多图元的定位都需要依靠标高来进行，轴网可配合标高对所建构件进行具体定位。标高和轴网的编号样式都可以在操作中修改。

1）绘制地铁站标高。在【项目浏览器-地铁】中，双击【立面（建筑）】→【东】切换视图到东立面。在【建筑】工具栏中的【基准】选项卡中选择【标高】工具，如图 7-7 所示。打开【修改|放置 标高】工具栏，在【绘制】选项卡中选择【线】工具，在属性栏中

设置【偏移】为 0.0，将标高 2 删除，将标高 1 重命名为【顶层】，参照【顶层】位置相继按照 CAD 图纸新建【室外地坪】【站厅层】【站台层】和【底层】，如图 7-8 所示。

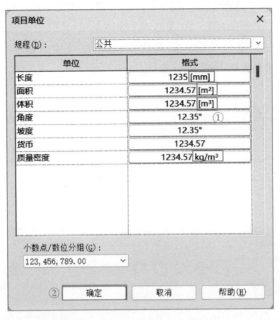

图 7-6 设置项目单位（地铁站）

图 7-7 【建筑】工具栏→【标高】（地铁站）

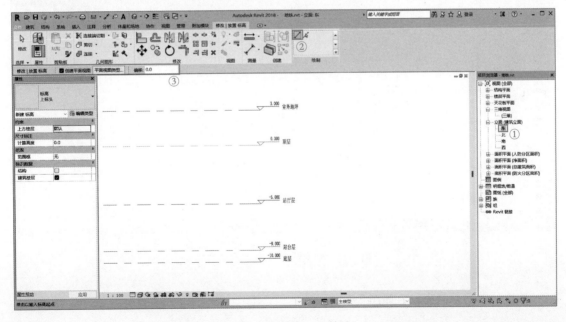

图 7-8 绘制标高（地铁站）

2）绘制地铁站轴网。在【项目浏览器-地铁】中切换视图到站台层。在【建筑】工具栏中的【基准】选项卡上选择【轴网】工具，如图 7-9 所示。打开【修改|放置 轴网】工具栏，在【绘制】选项卡中选择【直线】工具。如图 7-10 所示。绘制一条竖线之后，使用阵列命令来完成等间距轴线的绘制。在【修改|轴网】工具栏中，选择【阵列】工具，再次单击第一条轴线，选择一个端点，输入距离为 5000，在【项目数】中输入阵列数 24，阵列排布方式选择【线性】，完成阵列操作，如图 7-11 所示。

图 7-9　【建筑】工具栏→【轴网】（地铁站）

图 7-10　【修改|放置 轴网】工具栏→【直线】（地铁站）

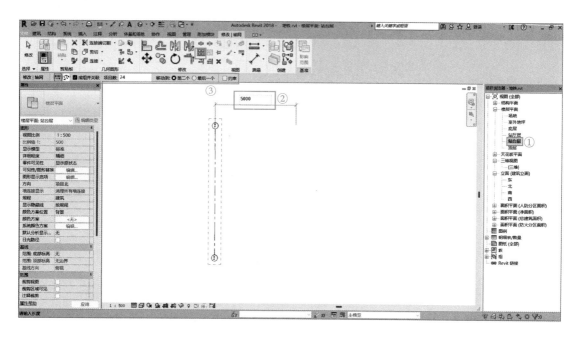

图 7-11　轴网阵列操作（地铁站）

地铁站轴网绘制完成，如图 7-12 所示。

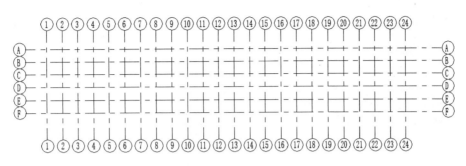

图 7-12　完成后的轴网（地铁站）

7.3　主体结构建模

地铁站的主体结构分为柱、墙和楼板。Revit 中，柱主要分为建筑柱和结构柱，结构柱可以与建筑墙进行连接。地铁站采用矩形混凝土结构柱，设置尺寸后采用垂直放置；地铁站墙采用建筑墙，分别采用 200mm 外墙和 100mm 内墙；地铁站楼板采用 150mm 的常规建筑楼板。

7.3.1　柱

柱的建模具体操作步骤如下：

1）载入矩形柱族文件。在【建筑】工具栏中的【构建】选项卡中打开【柱】工具的下拉列表，选择【结构柱】，如图 7-13 所示。打开【修改|放置结构柱】工具栏，选择【模式】选项卡中的【载入族】，如图 7-14 所示。打开【载入族】对话框，在【结构】→【柱】→【混凝土】→【混凝土-矩形-柱】路径下选择矩形柱族文件，单击【打开】按钮载入族文件，如图 7-15 所示。

图 7-13　【建筑】工具栏→【结构柱】（地铁站）

图 7-14　【修改|放置 结构柱】→【载入族】（地铁站）

2）修改柱的名称及尺寸。在【属性】面板中单击【编辑类型】按钮，进入【类型属性】对话框后，单击【复制】按钮，将名称改为【柱-地铁】，设置矩形柱的尺寸参数 b 和 h 均为 800.0。连续单击【确定】按钮，完成【柱-地铁】的重命名与尺寸编辑，如图 7-16 所示。

图 7-15 【载入族】对话框（地铁站）

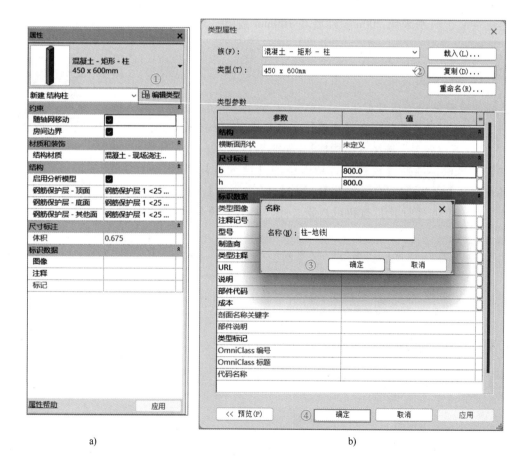

a)   b)

图 7-16 修改柱名称并编辑属性（地铁站）

a）编辑类型 b）类型属性

3）放置矩形柱。在【项目浏览器-地铁】中切换视图到【站台层】，在【修改|放置 结构柱】工具栏中的【放置】选项卡中选择【垂直柱】工具，将矩形柱垂直布置在站台层，并在属性栏中选择【高度】为【顶层】，设置矩形柱顶部高度为顶层，勾选【随轴网移动】和【房间边界】，参照站台层 CAD 图纸完成矩形柱的放置，如图 7-17 与图 7-18 所示。

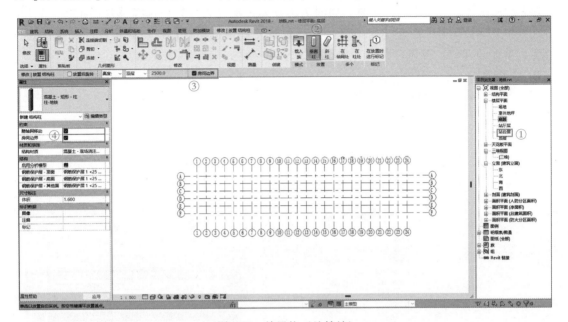

图 7-17　放置柱（地铁站）

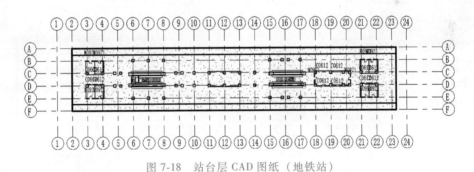

图 7-18　站台层 CAD 图纸（地铁站）

放置好的矩形柱如图 7-19 所示。

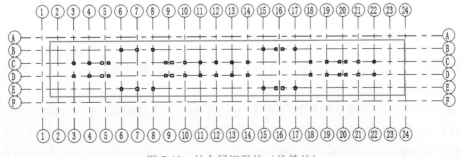

图 7-19　站台层矩形柱（地铁站）

7.3.2 楼板

楼板建模的具体操作步骤如下：

1）新建【楼板-地铁】。在【建筑】工具栏中的【构建】选项卡中打开【楼板】工具下拉列表，选择【楼板：建筑】工具，如图7-20所示。在【属性】中选择【常规-150mm】，单击【编辑类型】按钮，打开【类型属性】对话框，单击【复制】按钮，新建【楼板-地铁】类型，单击【确定】按钮，完成【楼板-地铁】的创建，如图7-21所示。

图7-20 【建筑】工具栏→【楼板：建筑】（地铁站）

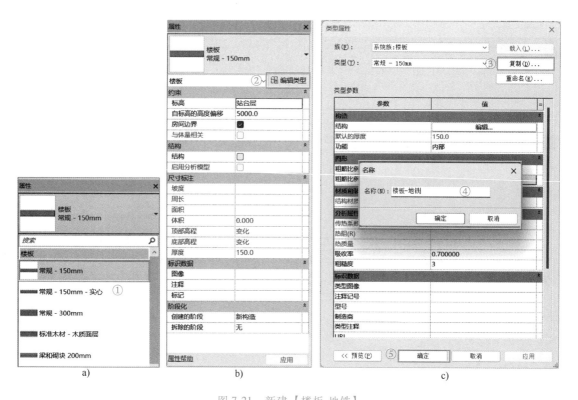

图7-21 新建【楼板-地铁】

a）设置属性 b）编辑类型 c）类型属性

2）编辑【楼板-地铁】属性。在【类型属性】对话框中单击【编辑】按钮，打开【编辑部件】对话框，在【结构［1］】中选择材质为【混凝土-现场浇筑混凝土】，设置厚度为150.0，如图7-22所示。

3）绘制楼板。在【项目浏览器-地铁】中切换视图到【底层】，在【建筑】工具栏中选择【楼板】工具进入轮廓草图模式，选择【绘制】栏中的【边界线】工具和【线】工具，在【属性】选项板中设置【标高】为【底层】，输入【自标高的高度偏移】为0.0，勾选

【链】并设置【偏移】为0.0，绘制楼板边界，最后单击【✔】完成楼板的绘制，如图7-23所示。

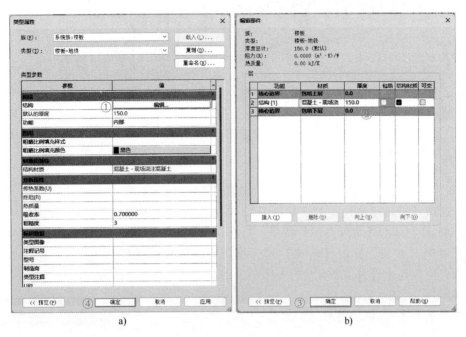

图 7-22　编辑楼板部件属性（地铁站）

a）类型属性　b）编辑部件

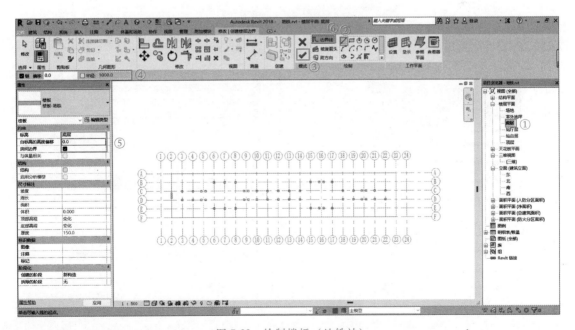

图 7-23　绘制楼板（地铁站）

完成后地铁站站台层和底层楼板三维视图如图7-24所示。

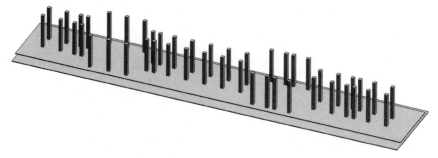

图 7-24　站台层和底层楼板三维视图

7.3.3　墙

1）新建【外墙-地铁】。在【建筑】工具栏中的【构建】选项卡中打开【墙】工具下拉列表，选择【墙：建筑】工具，如图 7-25 所示。在【属性】面板的下拉列表中，选择【常规-200mm】，单击【编辑类型】按钮，打开【类型属性】对话框；在【类型属性】对话框单击【复制】按钮，弹出【名称】对话框，修改名称为【外墙-地铁】，连续单击【确定】按钮，完成新建【外墙-地铁】，如图 7-26 所示。

图 7-25　【建筑】工具栏→【墙：建筑】

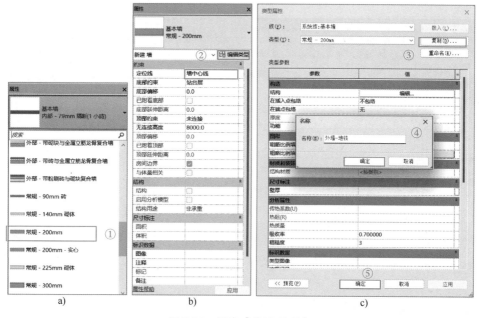

图 7-26　新建【外墙-地铁】

a）设置属性　b）编辑类型　c）类型属性

2）编辑【外墙-地铁】的结构和材质。单击【类型属性】对话框中的【编辑】按钮，打开【编辑部件】对话框；单击【结构 [1]】栏【材质】框中的【...】按钮，打开【材质浏览器】对话框，选择【混凝土-现场浇筑混凝土】材质，设置厚度为190.0；单击【插入】按钮，插入【保温层/空气层 [3]】，单击【向上】按钮，将其调整到第一栏，然后设置材质为【刚性隔热层】，设置厚度为5.0；用相同的方法，以同样的材质和厚度再次插入【保温层/空气层 [3]】，单击【向下】按钮调整其位置；完成后单击【确定】按钮，完成【外墙-地铁】的结构和材质设置。操作过程如图7-27~图7-29所示。

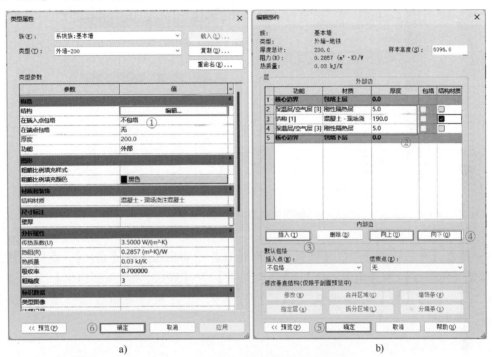

图 7-27 编辑【外墙-地铁】部件属性

a）类型属性　b）编辑部件

图 7-28 混凝土材质（地铁站外墙）

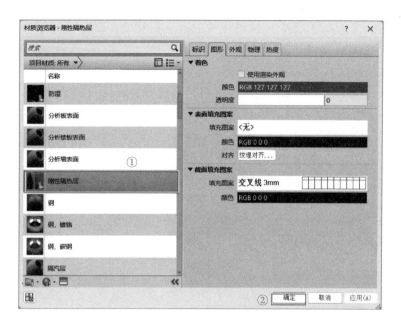

图 7-29　刚性隔热层材质（地铁站外墙）

3）放置【外墙-地铁】。在【项目浏览器-地铁】中切换视图到【底层】，在【属性】面板中设置【定位线】为【墙中心线】，【底部约束】为【底层】，【顶部约束】为【直到标高：顶层】，勾选【链】并编辑其【偏移】为 0.0，放置地铁站站台层外墙，如图 7-30 所示。

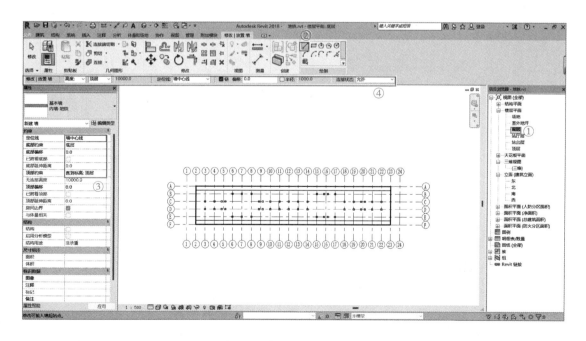

图 7-30　放置外墙（地铁站）

完成后地铁站站台层墙体三维视图如图 7-31 所示。

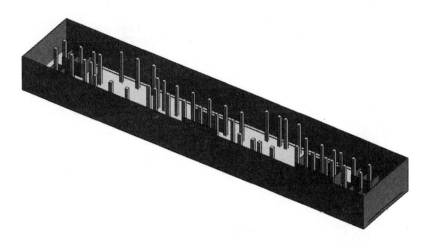

图 7-31　地铁站台层墙三维视图

■ 7.4　附属构件建模

地铁站附属构件分为自动扶梯、楼梯、幕墙、门窗和天花板等。自动扶梯和门窗采用
Revit 系统自带族中的单嵌板玻璃门和双扇平开窗族进行建立，幕墙采用系统族中的玻璃幕
墙族并结合幕墙网格进行建立，楼梯采用 Revit 自带的整体浇筑楼梯族进行建立，天花板采
用 Revit 自带的光面天花板族进行建立。

7.4.1　自动扶梯和楼梯

1. 地铁站站台层自动扶梯建模步骤

1）载入自动扶梯并新建【自动扶梯-地铁】。在【插入】工具栏中的【从库中载入】选
项卡中选择【载入族】工具，如图 7-32 所示。在【建筑】→【专用设备】→【自动扶梯】路径
下，选择【30 度角自动扶梯】，单击【打开】载入到项目中，如图 7-33 所示。在【系统】
工具栏中打开【构件】工具的下拉列表，选择【放置构件】工具，如图 7-34 所示。在【属
性】面板下拉列表中选择【30 度角自动扶梯 S600】，单击【编辑类型】进入【类型属性】
对话框，单击【复制】按钮，将名称修改为【自动扶梯-地铁】，连续单击【确定】按钮，
完成新建【自动扶梯-地铁】，如图 7-35 所示。

图 7-32　【插入】工具栏→【载入族】（地铁站）

图 7-33　载入【30 度角自动扶梯】族（地铁站）

图 7-34　【系统】工具栏→【放置构件】（地铁站自动扶梯）

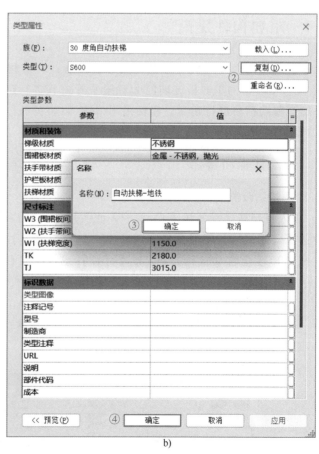

图 7-35　新建【自动扶梯-地铁】

a）编辑类型　b）类型属性

2）放置【自动扶梯-地铁】。在【项目浏览器-地铁】下切换视图到【站台层】，选择【高度】为【站厅层】，将自动扶梯的顶部高度设置为站厅层，选择位置单击创建自动扶梯，如图 7-36 所示。

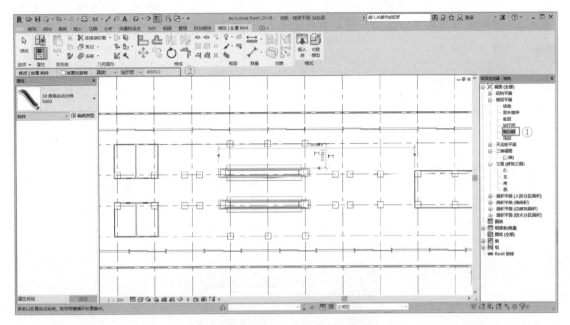

图 7-36　放置自动扶梯（地铁站）

完成后地铁站自动扶梯三维视图如图 7-37 所示。

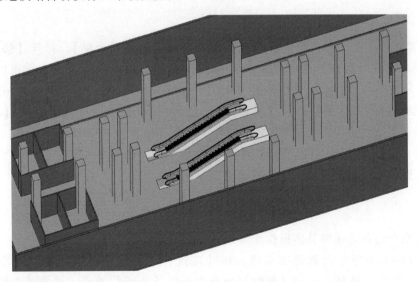

图 7-37　地铁站自动扶梯三维视图

2. 地铁站站台层楼梯建模步骤

1）新建【楼梯-地铁】并设置尺寸参数。在【建筑】工具栏中的【楼梯坡道】选项卡中选择【楼梯】工具，如图 7-38 所示。打开【修改|创建楼梯】工具栏，选择【工具】选

项卡中的【栏杆扶手】工具，如图 7-39 所示。打开【栏杆扶手】对话框，在类型下拉列表中选择【900mm 圆管】，【位置】选择【踏板】，单击【确定】按钮完成栏杆扶手设置，如图 7-40 所示。在【属性】面板中选取【现场浇筑楼梯】→【整体浇筑楼梯】类型，单击【复制】按钮将名称修改为【楼梯-地铁】，设置最大踢面高度为 180.0，最小梯段宽度为 1500.0，最小踏板深度为 280.0，以及其他参数，单击【确定】按钮完成【楼梯-地铁】的新建，如图 7-41 所示。

图 7-38　【建筑】工具栏→【楼梯】（地铁站）

图 7-39　【修改 | 创建楼梯】工具栏→【栏杆扶手】（地铁站）

图 7-40　栏杆扶手材料和位置设置（地铁站）

2）放置楼梯。在【项目浏览器-地铁】下切换视图到【站台层】，打开【修改 | 创建楼梯】工具栏，选择【构件】工具栏中的【梯段】和【直梯按钮】工具，在属性栏中设置【定位线】为【梯段：中心】，【偏移】为 0.0，【实际梯段宽度】为 1500.0，并选择【自动平台】复选框，【底部标高】选择【站台层】，【顶部标高】选择【站厅层】，【底部偏移】和【顶部偏移】设为 0.0，绘制两段楼梯路径，单击【模式】选项卡中的【✓】，完成两段楼梯的绘制，Revit 会自动在两段楼梯之间生成楼梯平台，如图 7-42 所示。

完成后地铁站站台层楼梯三维视图如图 7-43 所示。

7.4.2　幕墙

地铁站站台层幕墙建模具体操作步骤如下。

1）选择幕墙类型并设置幕墙参数。在【建筑】工具栏中的【构建】选项卡中选择【墙】工具，如图 7-44 所示。在【属性】面板中选择【幕墙】类型，单击【编辑类型】按钮，打开【类型属性】对话框，选中【自动嵌入】复选框，分别设置垂直网格和水平网格的【布局】均为【固定距离】，【间距】均为 1000.0，勾选【调整竖梃尺寸】，设置垂直竖梃和水平竖梃的【内部类型】均为【圆形竖梃：25mm 半径】，单击【确定】按钮完成幕墙参数的设置，如图 7-45 所示。

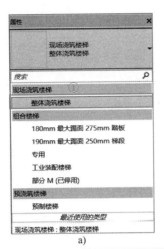

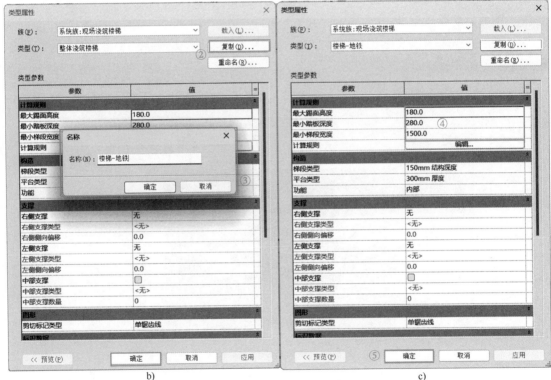

图 7-41 新建【楼梯-地铁】并设置尺寸参数

a) 设置属性 b) 编辑类型 c) 类型属性

2) 绘制幕墙。切换视图到【站台层】，在【修改|放置 墙】工具栏中的【绘制】选项卡中选择【线】工具，属性栏中选择【高度】为【站厅层】，设置幕墙的顶部高度为站厅层，勾选【链】并将【偏移】设置为 0.0，【连接状态】选择【允许】，绘制幕墙，如图 7-46 所示。地铁站站台层幕墙三维视图如图 7-47 所示。

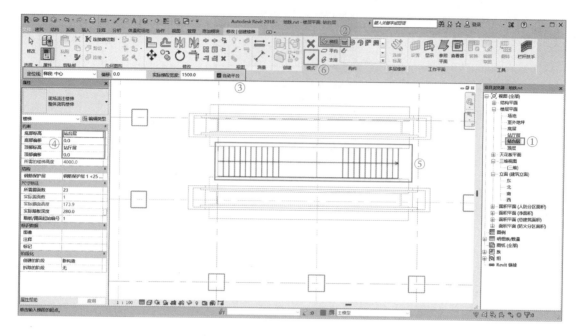

图 7-42　绘制楼梯路径（地铁站）

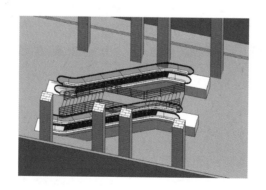

图 7-43　地铁站楼梯三维视图

图 7-44　【建筑】工具栏→【墙】（地铁站）

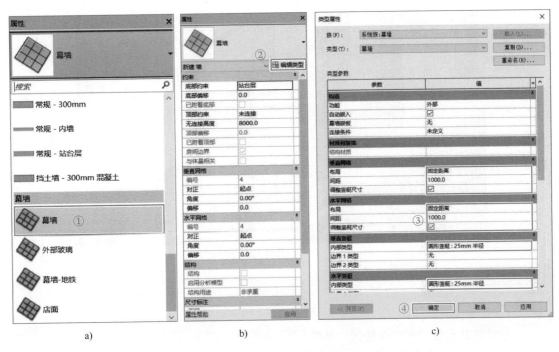

a)　　　　　　　　　　b)　　　　　　　　　　c)

图 7-45　选择幕墙类型并编辑属性（地铁站）

a）设置属性　b）编辑类型　c）设置类型属性

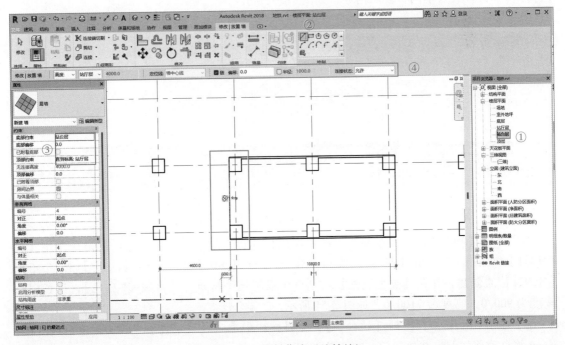

图 7-46　绘制幕墙（地铁站）

图 7-47　地铁站幕墙三维视图

7.4.3　门窗

1. 地铁站站台层门布置具体操作步骤

1）载入门。在【建筑】工具栏中的【构建】选项卡中选择【门】工具，如图 7-48 所示。选择【修改│放置 门】工具栏中的【载入族】工具，如图 7-49 所示。在【建筑】→【门】→【普通门】→【平开门】→【单扇】的路径下的文件夹中选择【单嵌板玻璃门 1】，单击【打开】按钮，载入单嵌板玻璃门族，如图 7-50 所示。

图 7-48　【建筑】工具栏→【门】（地铁站）

图 7-49　【修改│放置 门】工具栏→【载入族】（地铁站）

2）新建【M0921】并设置参数。在【属性】面板中单击【编辑类型】按钮，打开【类型属性】对话框，单击【复制】按钮，输入名称【M0921】，单击【确定】按钮完成【M0921】的创建，并在【类型属性】对话框中设置把手材质为【金属-铝-白色】，设置门的宽度为 900.0，高度为 2100.0，如图 7-51 所示。

3）放置门。切换视图到【站台层】，在属性栏中输入【底高度】为 0.0，单击放置门，Revit 将自动剪切洞口并放置门，如图 7-52 所示。

放置好的门的 Revit 三维视图如图 7-53 所示。

图 7-50　载入【单嵌板玻璃门 1】族（地铁站）

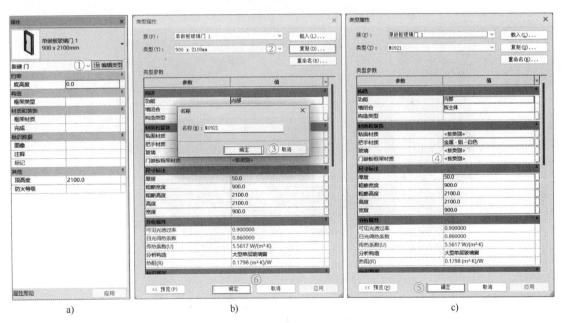

a)　　　　　　　　　　　　　　b)　　　　　　　　　　　　　　c)

图 7-51　新建【M0921】并设置参数（地铁站）

a) 设置属性　b) 编辑类型　c) 设置类型属性

2. 地铁站站台层窗布置具体操作步骤

1）载入窗。在【建筑】工具栏中的【构建】选项卡中选择【窗】工具，如图 7-54 所示。进入【修改|放置 窗】工具栏，在【修改|放置 窗】工具栏中选择【载入族】工具，如图 7-55 所示。在【建筑】→【窗】→【普通窗】→【平开窗】路径下选择【单扇平开窗 1-带贴面】，单击【打开】将其载入，如图 7-56 所示。

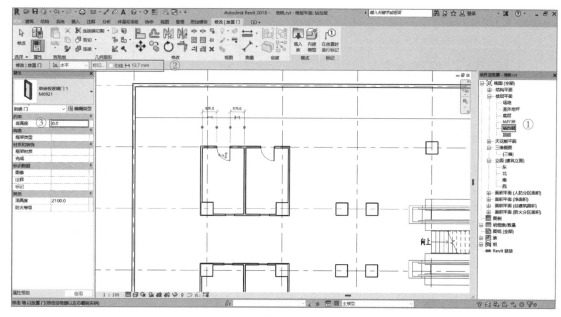

图 7-52　放置门（地铁站）

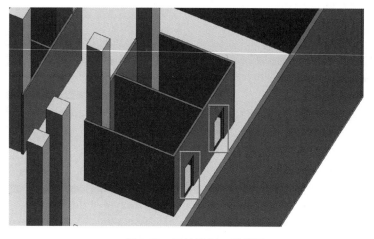

图 7-53　地铁站门三维视图

图 7-54　【建筑】工具栏→【窗】（地铁站）

2）新建【C0612】并设置参数。在【属性】面板中单击【编辑类型】，进入【类型属性】对话框中，与门的重命名方法相同，将窗重新命名为【C0612】，将【尺寸标注】栏中的【高度】和【宽度】分别修改为 1200 和 600，【框架材质】选择【金属-铝-白色】，如图 7-57 所示。

图 7-55　【修改│放置 窗】工具栏→【载入族】（地铁站）

图 7-56　载入【单扇平开窗 1-带贴面】族（地铁站）

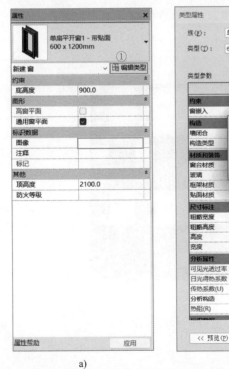

a)

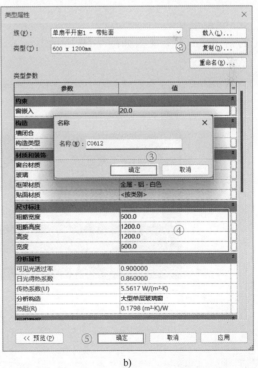

b)

图 7-57　新建【C0612】并设置参数（地铁站）

a）设置属性　b）编辑类型

3）放置窗。在【项目浏览器-地铁】下将视图切换到【站台层】，在【属性】面板中选择窗类型并选择对应的标高，输入【底高度】的具体值以设置窗放置高度相对于选择标高的距离，此外为 900.0，将光标移到墙上，单击放置窗，Revit 将自动剪切洞口并放置窗，如图 7-58 所示。

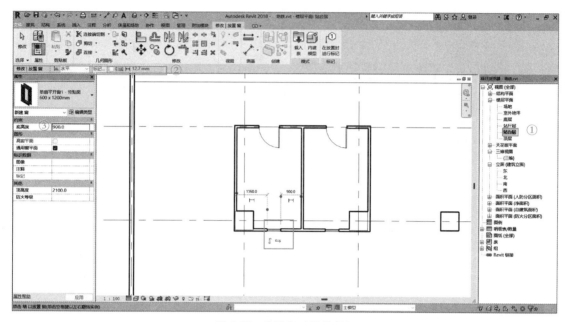

图 7-58　放置窗（地铁站）

放置完的窗 Revit 三维视图如图 7-59 所示。

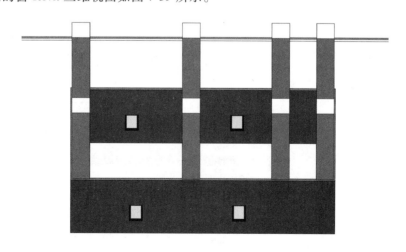

图 7-59　地铁站窗三维视图

7.4.4　天花板

天花板具体建模步骤如下：

1）新建【天花板-地铁】。在【建筑】工具栏中的【构建】选项卡中选择【天花板】工具，如图7-60所示。打开【修改|放置 天花板】工具栏，在【属性】面板的下拉列表中选择【复合天花板 光面】单击【编辑类型】按钮打开【类型属性】对话框，单击【复制】，修改名称为【天花板-地铁】，单击【确定】完成重命名，如图7-61所示。在【类型属性】对话框中单击【编辑】按钮，打开【编辑部件】对话框，设置【结构［1］】材质为【松散-石膏板】，厚度为45.0，【面层1［4］】材质为【涂料-黄色】，厚度为5.0，连续单击【确定】完成新建【天花板-地铁】，如图7-62所示。

图7-60　【建筑】工具栏→【天花板】（地铁站）

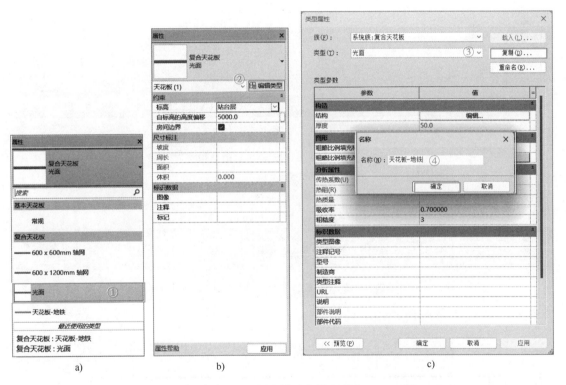

a)　　　　　　　　　　　　b)　　　　　　　　　　　　c)

图7-61　新建【天花板-地铁】

a）设置属性　b）编辑类型　c）设置类型属性

2）绘制站台层天花板。在【项目浏览器-地铁】下切换视图到【天花板平面】下的【站台层】，在【修改|放置 天花板】工具栏中选择【绘制天花板】工具，如图7-63所示。打开【修改|创建天花板边界】工具栏，选择【绘制】选项卡中的【边界线】和【线】工具，在属性栏中勾选【链】并设置【偏移】为0.0，设置【自标高的高度偏移】为3800.0，勾选【房间边界】，参照站台层天花板CAD图纸（图7-64）绘制天花板边界，单击【✓】完成站台层天花板的绘制，如图7-65所示。

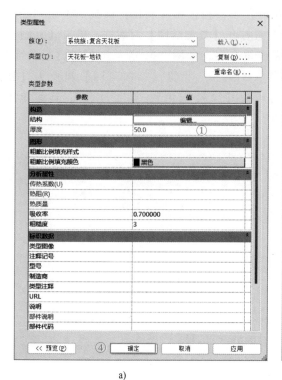
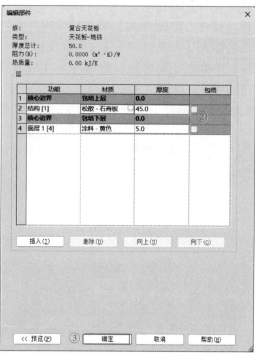

a)　　　　　　　　　　　　b)

图 7-62　编辑【大花板-地铁】的结构参数
a）设置类型属性　b）编辑部件

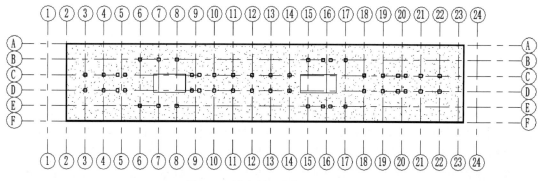

图 7-63　【修改 | 放置 天花板】工具栏→【绘制天花板】（地铁站）

图 7-64　站台层天花板 CAD 图纸

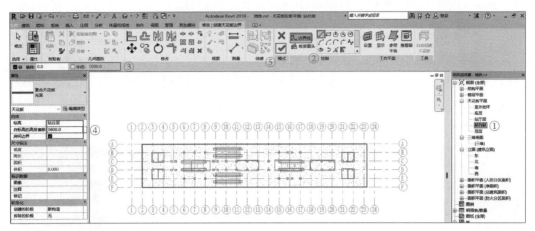

图 7-65　绘制天花板边界（地铁站）

绘制完成的站台层天花板的三维视图如图 7-66 所示。

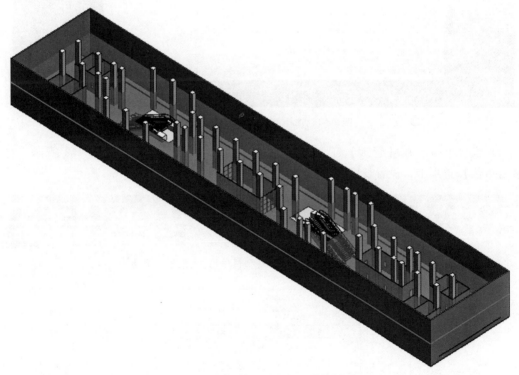

图 7-66　地铁站天花板三维视图

■ 7.5　定制族类建模

本节介绍的定制族类包括：交通和屏蔽门。方通是指一种矩形长管，通常布设在地铁站天花板下方起到通风透气、吸声降噪和装饰美观的作用，可使用 Revit 自带的基于天花板的公制常规模型作为样板进行绘制；屏蔽门是指站台上隔离列车与站台的玻璃门，主要分隔保护作用，可使用 Revit 自带公制常规模型作为样板进行绘制。

7.5.1 方通

方通建模具体操作步骤如下：

1）选择族样板。打开【Revit】，在【族】中单击【新建】按钮，打开样板库，选择【基于天花板的公制常规模型】作为样板文件，单击【打开】，如图 7-67 所示。

单个方通建模

图 7-67 选择族样板（地铁站方通）

2）设置单位。在【管理】工具栏中选择【项目单位】工具，如图 7-68 所示。打开【项目单位】选项卡，设置长度单位为 mm，如图 7-69 所示。

图 7-68 【管理】工具栏→【项目单位】（地铁站方通）

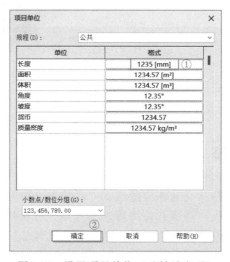

图 7-69 设置项目单位（地铁站方通）

3）绘制参照线。在【项目浏览器-族1】下切换视图到【参照标高】，在【创建】工具栏中的【基准】选项卡中选择【参照线】工具，如图7-70所示，打开【修改|放置 参照线】工具栏，在【绘制】选项卡中选择【矩形】工具，在属性栏中设置【偏移】为0.0，绘制方通外轮廓的参照线，尺寸为200mm×3400mm 如图7-71所示。

图7-70 【创建】工具栏→【参照线】（地铁站方通）

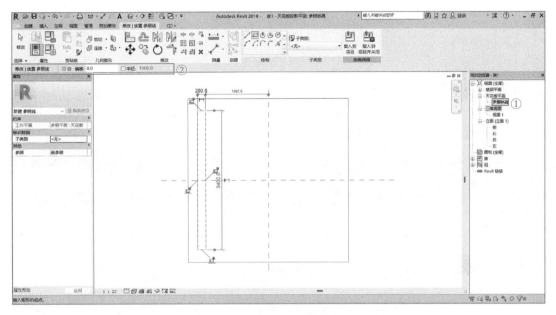

图7-71 绘制参照线（地铁站）

4）标注尺寸。在【修改|放置尺寸标注】工具栏下，选择【测量】工具，在【尺寸标注】选项卡中选择【对齐】工具，对方通外轮廓的宽度和长度进行标注，如图7-72所示。

5）尺寸标注参数化。选择绘制好的尺寸标注，在【修改|尺寸标注】工具栏下，选择【标签尺寸标注】选项卡中的【标签】，单击右侧的【创建参数】按钮，如图7-73所示。打开【参数属性】对话框，在【参数类型】中选择【族参数】，在【参数数据】中设置【名称】为【长】，【参数分组方式】选择【尺寸标注】。单击【确定】，完成尺寸参数化，如图7-74所示。【宽】的尺寸参数可采用类似方法进行设置。

6）创建拉伸模型。在【项目浏览器-族1】下切换视图到【天花板平面】下的【参照标高】，在【创建】工具栏中选择【拉伸】工具，如图7-75所示。打开【修改|创建拉伸】工具栏，在【绘制】选项卡中选择【矩形】工具，按参照线绘制方通的矩形外轮廓，在属性栏中设置拉伸【深度】为200.0，【偏移】为0.0，在【属性】面板中设置【拉伸起点】为-500.0，【拉伸终点】为-300.0，单击【✔】，完成单个方通的拉伸创建，如图7-76所示。

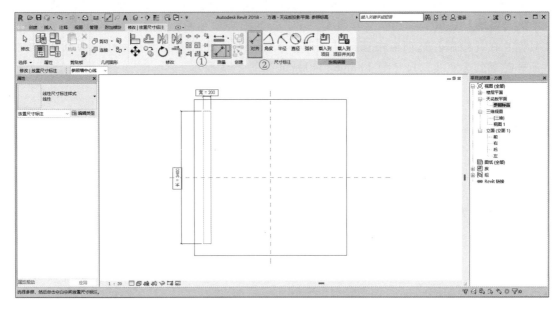

图 7-72　标注尺寸（地铁站方通）

图 7-73　【修改|尺寸标注】工具栏→【创建参数】（地铁站方通）

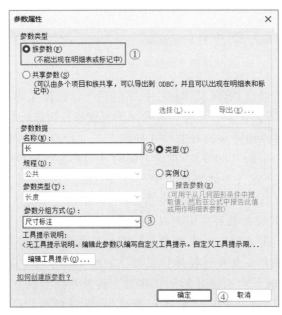

图 7-74　参数属性（地铁站）

图 7-75　【创建】工具栏→【拉伸】（地铁站方通）

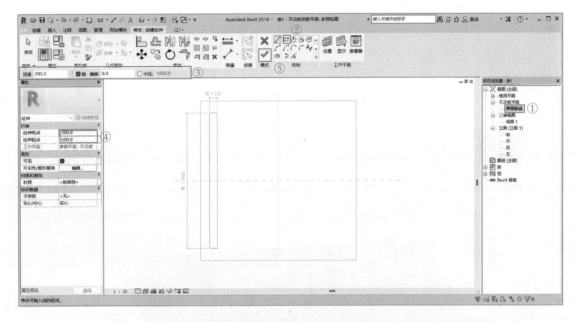

图 7-76　创建拉伸模型（地铁站）

绘制完成的单个方通的三维视图如图 7-77 所示。

图 7-77　单个方通三维视图

7）使用阵列创建全部的方通。在【项目浏览器-方通】下切换视图到【天花板平面】下的【参照标高】，选择创建出的单个方通，在【修改|模型组】工具栏下选择【阵列】工具，设置阵列数为 9，阵列方式为移动到【第二个】，输入间隔为 400.0，完成阵列，如图 7-78 所示。

完成后地铁站方通三维视图如图 7-79 所示。

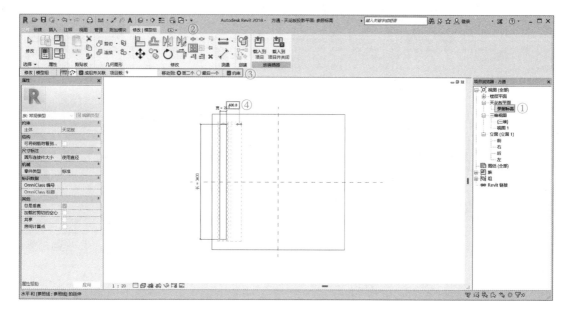

图 7-78　方通阵列操作

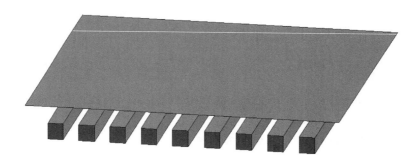

图 7-79　地铁站方通三维视图

8）设置材质。选中建好的模型，在【属性】面板中对【材质和装饰】进行参数关联。打开【关联族参数】对话框，选择【新建参数】，设置参数名称为【方通材质】，参数属性为【类型】，连续单击【确定】完成材质设置，如图 7-80 所示。

9）放置方通。选择【族编辑器】工具栏中的【载入到项目】，载入到地铁项目。选择【结构】工具栏下的【构件】，如图 7-81 所示。在【属性】面板的下拉列表中选择【方通】，单击【编辑属性】按钮，打开【类型属性】对话框，设置方通长度为 3400.0，宽度为200.0，单击【确定】完成方通属性编辑，如图 7-82 所示。在【项目浏览器-地铁】下切换视图到【天花板平面】下的【站台层】，将绘制完成的方通放置到项目中，如图 7-83 所示。

绘制好的方通平面图如图 7-83 所示。

a)

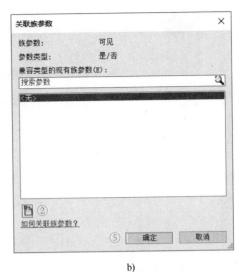
b)

c)

图 7-80 设置材质（地铁站方通）

a）修改材质 b）关联族参数 c）设置参数属性

图 7-81 【结构】工具栏→【构件】（地铁站方通）

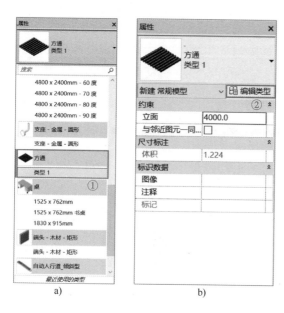

图 7-82　编辑方通参数

a）设置属性　b）编辑类型　c）设置类型属性

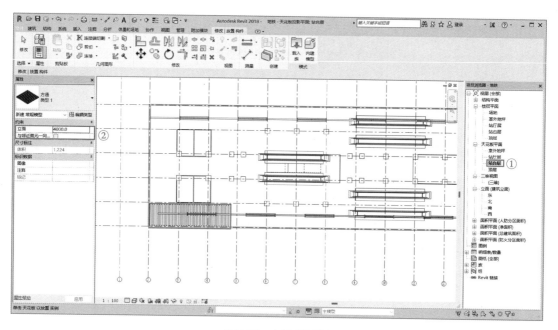

图 7-83　方通平面图

7.5.2　屏蔽门

屏蔽门建模具体操作步骤如下：

1）选择族样板。打开【Revit】，在【族】部分中单击【新建】按钮，打开 Revit 样板库，选择【公制常规模型】作为样板文件，单击【打开】，如图 7-84 所示。

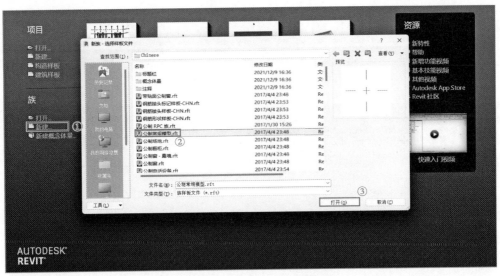

图 7-84　族样板选择（地铁站屏蔽门）

2）设置单位。在【管理】工具栏下【设置】选项卡中选择【项目单位】工具，如图 7-85 所示，打开【项目单位】对话框设置长度单位为 mm，单击【确定】按钮完成单位的设置，如图 7-86 所示。

图 7-85　【管理】工具栏→【项目单位】（地铁站屏蔽门）

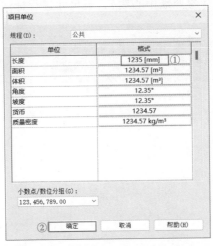

图 7-86　设置单位（地铁站屏蔽门）

3）绘制参照线。在【项目浏览器-族 1】切换视图到【前】立面，在【创建】工具栏中选择【参照线】，如图 7-87 所示。打开【修改|放置 参照线】工具栏，在【绘制】选项卡中选择【线】工具，勾选【链】并设置【偏移】为 0.0，根据图纸画出屏蔽门的外轮廓，如图 7-88 所示。

图 7-87 【创建】工具栏→【参照线】（地铁站屏蔽门）

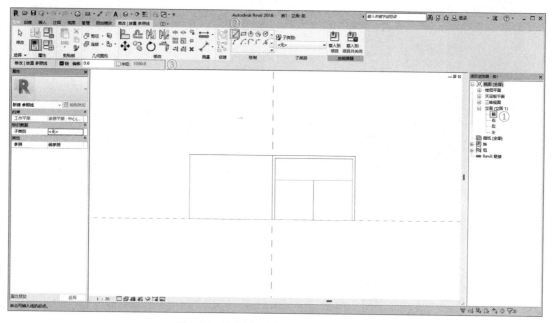

图 7-88 绘制参照线（地铁站屏蔽门）

4）标注尺寸。在【修改|放置尺寸标注】工具栏中的【尺寸标注】选项卡中选择【对齐】工具，在属性栏中选择【参照墙中心线】，对尺寸进行标注，如图 7-89 所示。

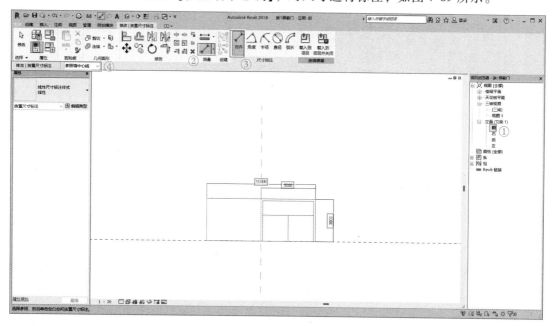

图 7-89 标注尺寸（地铁站屏蔽门）

5）创建拉伸形状。在【项目浏览器-族1屏蔽门】下切换视图到【前】立面，选择【创建】工具栏中的【拉伸】，如图7-90所示。打开【修改|创建拉伸】选项卡，在【绘制】选项卡中选择【线】工具，在属性栏中，设置拉伸【深度】为-600.0，【拉伸起点】为300.0，【拉伸终点】为-300.0，勾选【链】并设置【偏移】为0.0，绘制拉伸形状，单击【✔】完成屏蔽门框的创建，如图7-91所示。

图7-90 【创建】工具栏→【拉伸】（地铁站屏蔽门）

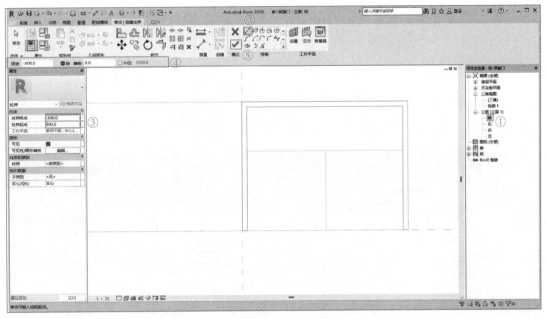

图7-91 创建拉伸形状（地铁站屏蔽门）

6）设置材质。框选屏蔽门框，在【属性】面板中对【材质和装饰】进行参数关联。打开【关联族参数】对话框，选择【新建参数】，打开【参数属性】对话框，【参数属性】选择【族参数】，编辑参数名称为【门框材质】，参数属性选择【类型】，连续单击【确定】完成材质编辑，如图7-92所示。

7）采用阵列方法创建全部的屏蔽门。在【项目浏览器-族1屏蔽门】下切换视图到【前】立面，框选屏蔽门，在【修改】选项卡里选择【阵列】命令。设置阵列数为10，移动方式设置为【第二个】，设置移动距离为10000，单击完成阵列，如图7-93所示。

绘制完成的屏蔽门的三维视图如图7-94所示。

8）放置屏蔽门。在【修改】工具栏中选择【载入到项目】工具，如图7-95所示。将屏蔽门族载入到地铁项目中，选择【系统】工具栏中的【构件】，如图7-96所示。在【项目浏览器-地铁】中切换视图到【站台层】，在【属性】面板的下拉列表中选择【屏蔽门-地铁】，参照图纸放置屏蔽门，如图7-97所示。

最终地铁站三维视图绘制完成，如图7-98所示。

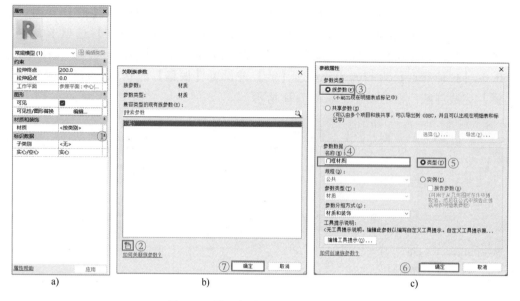

图 7-92　设置材质（地铁站屏蔽门）

a）设置属性　b）编辑类型　c）设置类型属性

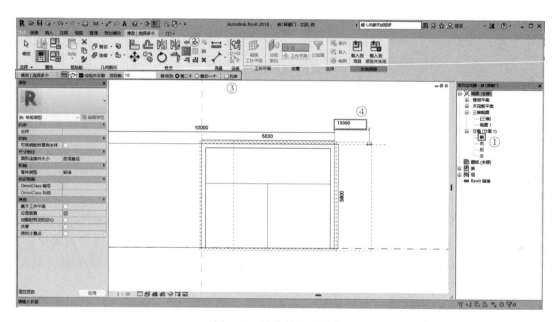

图 7-93　屏蔽门阵列操作

图 7-94　地铁站屏蔽门三维视图

图 7-95　【修改】工具栏→【载入到项目】（地铁站屏蔽门）

图 7-96　【系统】工具栏→【构件】（地铁站屏蔽门）

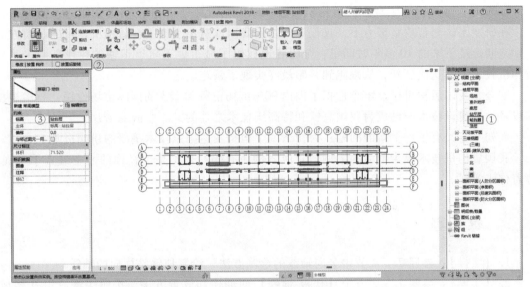

图 7-97　放置屏蔽门

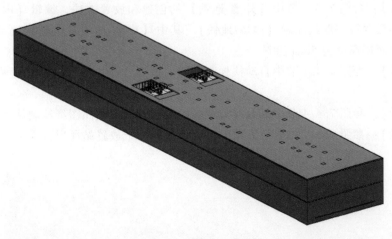

图 7-98　地铁站三维视图

■ 7.6 我国盾构机技术从被西方技术垄断发展到世界一流水平

知乎上曾经有这样一个热门问题：发生过哪些以为"我行中国不行"结果被打脸的案例呢？高赞回答之一便是国产盾构机设备。

盾构机被称为"机械之王"，它是建造地铁、隧道、人防工程等地下建筑结构的有力装备。最早时候，我们只能从国外花高价购买盾构机，一台机器的价格高达几亿元人民币。高昂的成本大大提升了工程造价，也一定程度上影响到了我国的基础设施建设。此外，由于技术攥在别人手里，设备使用、维护、升级等各方面都受人掣肘。如果机器坏了，需要向母公司提出特别申请，然后西欧的工程师才飞来进行维修。工程师的差旅补贴，以及停工造成的巨额损失都严重阻碍了工程建设的顺利实施。

2002 年，我国组建了自己的盾构机研发团队。自此上下一心，在国家财力、物力支持下，在研发团队刻苦攻坚努力下，仅仅 2 年之后我国就造出了第一台盾构机，打破了西方的技术垄断。接下来的 10 多年时间里，全国各地掀起了城市地下轨道运输的建设高潮，我国盾构机技术不断迭代创新，从跟跑到并跑最终实现了领跑。

如今，我国盾构机已经牢牢占据了国内 90%市场份额和 2/3 的国际市场份额。盾构机技术以及地铁建设技术业已成为我国高铁和特高压技术之外的又一张靓丽名片。

而知乎上又有了一个新的问题：为什么说中国是发达国家技术垄断的粉碎机呢？

我国盾构机技术成为鲜活的案例。其他案例还有吗？是不是也在你的心中或者手上呢？等着你来实现。

 课后题

1.【实操】：参照 7.2.2 节中竖向轴线的绘制方法，绘制地铁站横向的轴线。

2.【实操】：参照 7.3.2 节中【楼板-地铁】的创建和放置方法，按照图纸使用【楼板-地铁】绘制站台层和站厅层的楼板。

3.【实操】：参照 7.3.3 节中【外墙-地铁】的创建和放置方法，编辑【内墙-地铁】的尺寸及材质参数并按照图纸放置【内墙-地铁】。其中【内墙-地铁】的结构层为 90mm 现浇混凝土，前后面层厚度为 5mm 涂料。

4.【实操】：参照 7.4.1 节中自动扶梯和楼梯的放置方法，按照图纸放置站厅层的自动扶梯和楼梯。

5.【实操】：参照 7.4.4 节中站台层天花板的绘制方法，按照图纸绘制站厅层天花板。

6.【实操】：参照 7.5.1 站台层方通的放置，按照图纸放置站厅层方通。

第 8 章　虚拟现实技术

本章内容提要：

为了减少建筑安全事故的发生，应当对施工现场采取适当的安全管理，控制工人的不安全行为和机器的不安全状态。传统的安全培训以书籍、录像或实时访问建筑工地的形式进行。这些传统的培训方法，不仅高度依赖安全管理人员和工人的经验，而且缺少危险事故造成的严重后果的可视化。通过结合可视化技术如建筑信息建模（BIM）和虚拟现实（VR）技术，开发安全培训场景，设计新的安全培训方法，工人可以通过沉浸式体验而不是阅读二维信息来体验不同的施工场景。同时由于虚拟现实培训是基于计算机模拟，减少了部分培训成本，如燃料消耗和设备租赁，并且可以降低工人暴露于任何有害风险的概率，也更加便于施工人员进行零距离的施工培训。

本章以不同建筑阶段的 BIM 模型为例，通过使用 Unity3D 软件，将 BIM 模型转化为 VR 环境，并基于 VR 环境开发测试平台。首先需要对安全培训系统进行需求分析和内容规划，收集和分析可在 BIM 平台中明确表示的建筑安全法规和规范，将收集到的安全法规和规范按照不同的施工阶段、不同的施工活动和安全措施的作用进行分类。根据分类后的信息，使用 Autodesk Revit 为不同的施工场景创建模型。其中 8.1 节为本章的重点章节之一，介绍不同建筑阶段的 BIM 模型概况以及虚拟工作区域建模思路；8.2 节介绍 BIM 模型导出、导入至 Unity3D 的方法，并概述了数据丢失及手动添加的方法；8.3 节介绍了基于 Unity 的虚拟工作空间创建；8.4 节为本章的重点章节之二，详解制作提示面板、制作触发物体、脚本制作与关联等开发技巧；8.5 节介绍了设定视野亮度的方法；8.6 节为本章的重点章节之三，详解制作选择面板、制作人物穿戴效果、脚本制作与关联等开发技巧。

学习要点：

1. 了解不同建筑阶段存在的危险源，并实现危险源可视化建模思路。
2. 掌握模型导出、导入 Unity3D 的方法。
3. 掌握在 Unity3D 中进行功能开发的技巧。

■ 8.1 BIM 模型制作

8.1.1 场景一

第一个场景设定为在房屋基础施工过程中。这一阶段的主要施工内容包括为场地规划及平整。在这些建筑活动中有多种危险源，如火灾、触电等。根据本阶段的主要施工任务和相关建筑安全法规和规范，得出本阶段需要采取的预防措施。如挖掘机按照一定的路线进入现场，在待挖掘现场禁止其他作业；在基坑周围设置防护栏和警示标志，防止人员坠坑；在配电室周围设置警告标示，保证施工现场临时供电安全等。图 8-1 所示为场景一的 BIM 模型，图中有不同风险的区域和工人工作区域。

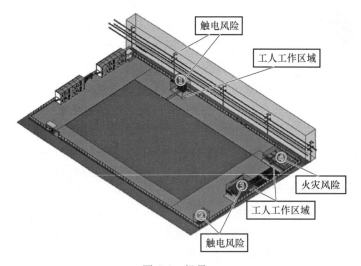

图 8-1　场景一

图 8-2 所示为标号①的配电室。为了防止物体撞击和机械损坏配电室，在配电室的周围设置了防护措施。此外，临时电气设备和线路的安装、检查、维护或拆卸必须由电工在监督下进行。

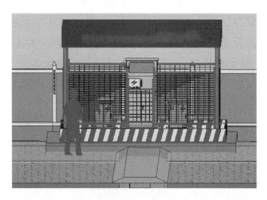

图 8-2　配电室①

图 8-3 所示为标号②的配电室。工人在此空间内工作时，应按规范操作，降低触电的风险。并且，电缆线路应敷设在地下或架空，严禁沿地面明敷，避免机械损坏和介质腐蚀。电缆线路应埋设在覆盖槽内，以避免受到机械损伤。

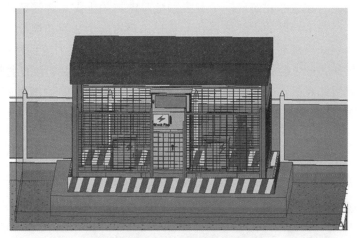

图 8-3 配电室②

图 8-4 所示为标号③的钢筋加工棚。工人在该空间内开始工作之前，应正确穿着佩戴保护设备，降低触电的风险。

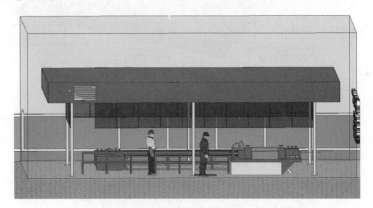

图 8-4 钢筋加工棚

图 8-5 所示为标号④的材料堆放区域。该空间应当设置消防设备，禁止工作人员携带明火进入，消除火灾隐患。

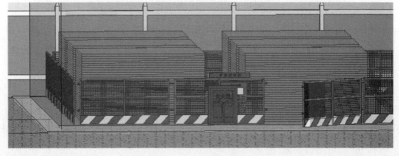

图 8-5 材料堆放区域

8.1.2 场景二

第二个场景设定为地下工程的桩基工程。这一阶段的主要施工内容包括：桩基工程、模板工程和预制钢筋笼。在这些建筑活动中有多种危险源，如火灾、物品坠落、机械倒塌、物体撞击和触电等。根据本阶段的主要施工任务和相关建筑安全法规和规范，得出本阶段需要采取的预防措施。例如检查起重机旋转半径内是否有障碍物，工人应保持在旋转区域之外，以防止被下落物体伤害的风险；打桩机的工作范围内，地面可能会出现土地隆起的风险，导致机器发生故障，因此在机器工作之前应检查地面裂缝，消除危险后继续施工等。图 8-6 所示为场景二的 BIM 模型，图中使用箭头和方框标注不同风险的区域。

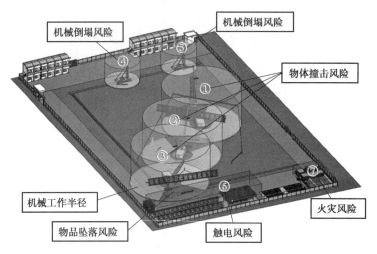

图 8-6 场景二

图 8-6 中，在标号①空间和标号②空间的交界处（图 8-7），存在多种风险。例如同时具有钢筋笼坠落风险和机械倒塌风险。因此工人在该空间内工作时，应更加注意安全。

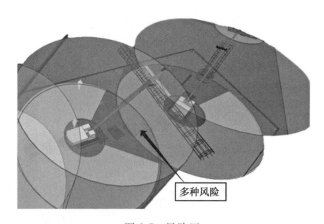

图 8-7 风险区

另外在图 8-6 中标号①的空间中，为了降低工人坠落风险，应在地面孔洞周围设置护栏，护栏高度不得低于 0.8m，如图 8-8 所示。

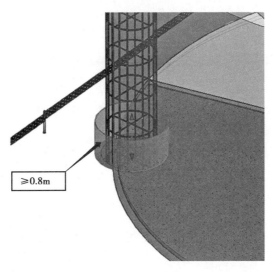

≥0.8m

图 8-8 地面护栏

8.1.3 场景三

第三个场景设定为地下工程的土方开挖过程。这一阶段的主要施工内容为土方开挖及运输。在这些建筑活动中有多种危险源，如边坡坍塌、土方坍塌、物体撞击、坠落等。根据本阶段的主要施工内容和建筑安全法规和规范，得出本阶段需要采取的预防措施。例如检查机械工作半径内是否有障碍物，工人应保持在机械工作区域之外；基坑开挖过程中，基坑周围要采取防护护栏、防护网等安全防护措施等。图 8-9 所示为场景三的 BIM 模型，图中使用箭头和方框标注不同风险的区域。

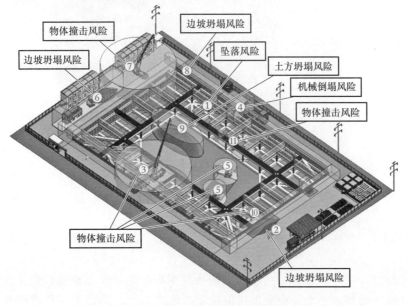

图 8-9 场景三

图 8-9 中，标号①空间为支撑梁上面的坠落危险源（图 8-10）。图 8-9 中标号②空间中堆积在基坑边缘的土方，是造成边坡坍塌的危险源（图 8-11）。

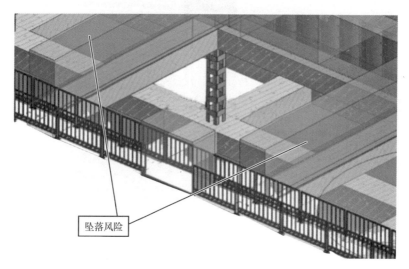

图 8-10　坠落危险

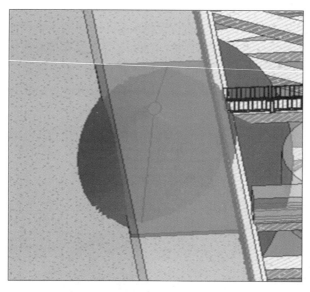

图 8-11　边坡坍塌危险源

　　图 8-9 中标号③空间中起重机在基坑边缘平台上工作，是造成物体撞击的危险源（图 8-12）。

　　图 8-9 中标号④空间中挖掘机在基坑槽周边作业，是造成机械倒塌和边坡坍塌的危险源（图 8-13）。

　　图 8-9 中标号⑤空间中在基坑内作业的两台挖掘机，地面浅色圆形标识为挖掘机的工作区域（图 8-14）。此外，考虑可能会发生机械撞击风险，所以两台挖掘机进行开挖作业时的间距不能小于 10m。

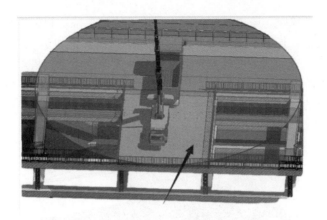

图 8-12 物体撞击危险源

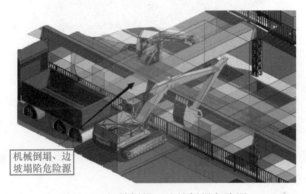

机械倒塌、边坡塌陷危险源

图 8-13 机械倒塌、边坡坍塌危险源

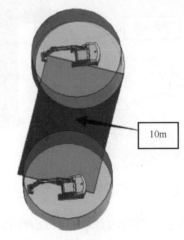

10m

图 8-14 挖掘机开挖间距

8.1.4 场景四

第四个场景设定为土方开挖结束后，地下基础结构的施工过程。这一阶段的主要施工内容包括：模板工程、墙体工程、塔式起重机（俗称塔吊）施工等。在这些建筑活动中有多种危险源，如物体撞击风险、坠落风险、触电风险和火灾风险。根据本阶段的主要施工内容和建筑安全法规和规范，得出本阶段需要采取的预防措施。例如工人在焊接钢筋的过程中，应正确操作避免触电；进入施工现场应正确穿着和佩戴安全设备；塔式起重机底部周围要采取防护护栏、防护网等安全防护措施等。图 8-15 所示为场景四的 BIM 模型，图中使用箭头和方框标注不同风险的区域。

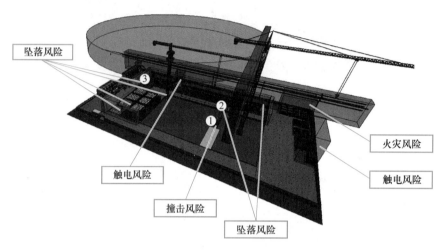

图 8-15　场景四

图 8-15 中标号①空间中钢筋铺设完毕后，存在物体撞击风险；图 8-15 中标号②空间中未铺设钢筋的区域，存在坠落风险（图 8-16）。

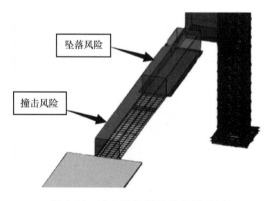

图 8-16　撞击风险源和坠落风险源

图 8-15 中标号③的空间，没有在基坑边缘和平台设置防护栏，是造成工人坠落的危险源（图 8-17）。

并且，在此场景中混凝土泵车在进行浇筑混凝土作业，因此该空间存在物体撞击风险，如图 8-18 所示。

图 8-19 所示为在基坑内作业的两台塔式起重机，蓝色圆柱体为两台起重机的工作区域，此区域内存在物体撞击风险。

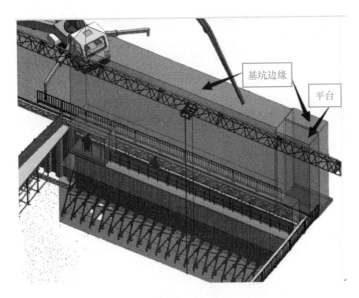

图 8-17 坠落危险源

图 8-18 撞击风险源

8.1.5 场景五

第五个场景设定为上层结构工程施工过程。这一阶段的主要施工内容包括：柱板施工、楼板模板、钢筋绑扎等。并且这一阶段的大部分施工活动都与外部脚手架、建筑边缘的开放式作业和二级结构施工有关。在这些施工活动中有多种危险源，例如坠落风险、坍塌风险和物体撞击风险。根据本阶段的主要施工内容和建筑安全法规和规范，得出本阶段需要采取的预防措施。如警示工人远离用于运输物料的楼梯和电梯井的孔洞、两台塔式起重机和正在施工的墙壁；提醒工人远离浇筑完毕的混凝土墙等。图 8-20 所示为场景五的 BIM 模型，图中使用箭头和方框标注不同风险的区域。

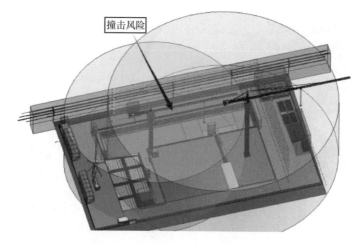

图 8-19 物体碰撞风险源

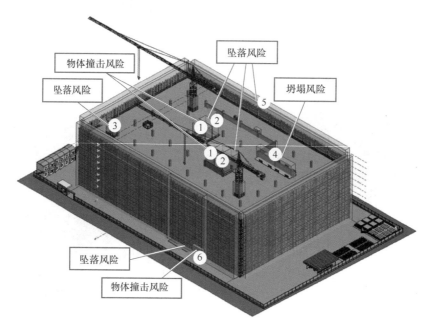

图 8-20 场景五

图 8-20 中标号①和标号②分别为空间中的电梯井和管井（图 8-21 和图 8-22）。在此场景内，未在设施的周围安装护栏、脚踏板和密集的网状安全网或钢筋板封闭此区域，因此该区域存在工人坠落风险和物体撞击风险。

图 8-20 中标号③为空间中的楼梯入口和楼梯平台（图 8-23）。在此场景内，未在楼梯平台安装密集的安全网，因此该区域存在工人坠落风险和物体撞击风险。

图 8-20 中标号④为空间中的浇筑完成的混凝土墙（图 8-24）。在此场景内，混凝土未干透，因此该区域存在坍塌风险。

图 8-20 中标号⑤为空间中的外部脚手架（图 8-25）。在此场景内，工人在外部脚手架作业时，主要存在脚手架倒塌和坠落风险。

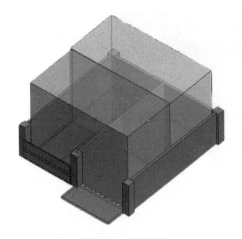

图 8-21 电梯井

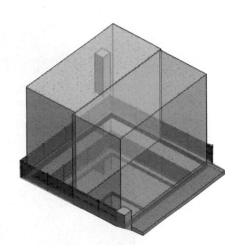

图 8-22 管井

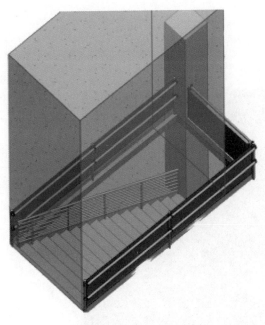

图 8-23 楼梯入口及平台

图 8-24 混凝土墙

图 8-20 中标号⑥为空间中的外侧工作区域（图 8-26）。在此场景内，由于缺少保护网和栏杆，导致主要存在物体撞击风险和工人坠落风险。

8.1.6 虚拟区域的制作

在上述的 BIM 模型中设置不同颜色的虚拟空间，用来标识存在不同风险的区域。本小节以场景一的 BIM 模型中建立虚拟区域为例。首先在【Revit】中打开场景一的模型。

1）构建场景模型。在【建筑】工具栏中单击【构件】，选择【内建模型】，如图 8-27 所示。

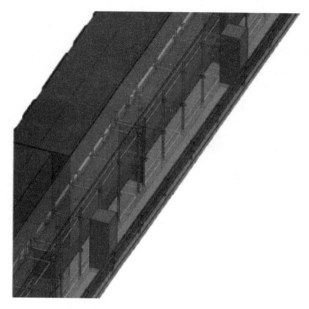

图 8-25　外部脚手架

物体撞击风险

图 8-26　外侧工作区域

2）设置族类别。在【族类别和族参数】对话框进行设置。【族类别】选择【家具系统】，单击【确定】按钮并进行命名，如图 8-28 所示。

3）拾取工作平面。在【建筑】工具栏中选择【设置】，如图 8-29 所示。在【工作平面】对话框选择【拾取一个平面】，单击【确定】，如图 8-30 所示。当光标变为十字时，单击选中想要建立虚拟区域的平面。

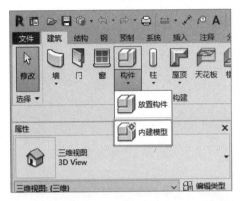

图 8-27 【建筑】工具栏→【构件】（虚拟区域制作）

图 8-28 设置族类别（虚拟区域制作）

图 8-29 【建筑】工具栏→【设置】（虚拟区域制作）

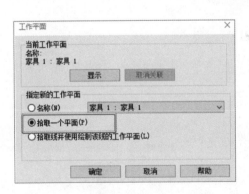

图 8-30 拾取平面（虚拟区域制作）

4）创建族参数。选定好平面之后，在【创建】工具栏中找到【族类型】，单击【新建族】，并对参数属性进行编辑，如图 8-31 和图 8-32 所示。

5）修改参数属性。【族参数】，选中此参数类型。【名称】，根据具体设置的虚拟工作空间命名，本小节设置为【配电室】。【规程】，选择【公共】。【参数类型】，选择【材质】，以方便后续按照不同虚拟工作空间的类型设置不同的颜色。【参数分组方式】，选择【材质和装饰】。如图 8-33 所示，设置完成后，单击【确定】按钮。

6）设置材质。接下来单击【按类别】，对配电室的族进行材质设置，如图 8-34 所示。

7）新建材质。在【材质浏览器-5mm 厚涂料】中单击【创建并复制材质】，选择【新建材质】，并重新命名新建的材质为【配电室】，如图 8-35 所示。

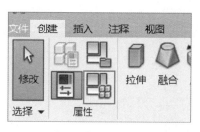

图 8-31　【创建】工具栏→【族类型】
（虚拟区域制作）

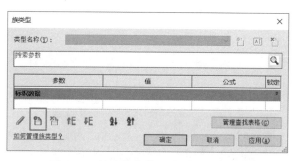

图 8-32　新建族参数（虚拟区域制作）

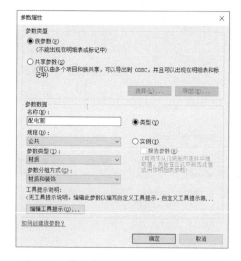

图 8-33　修改参数属性（虚拟区域制作）

图 8-34　配电室材质设置（虚拟区域制作）

a)

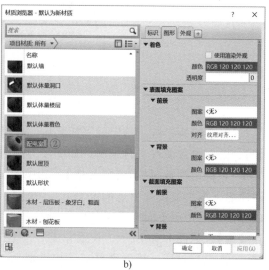

b)

图 8-35　新建材质（虚拟区域制作）

a）材质浏览器　b）新建材质

8）设置材质参数。重新选择颜色和透明度，本小节将颜色设置为绿色，透明度设置为【40】，如图 8-36 所示。设置后，单击【确定】按钮。

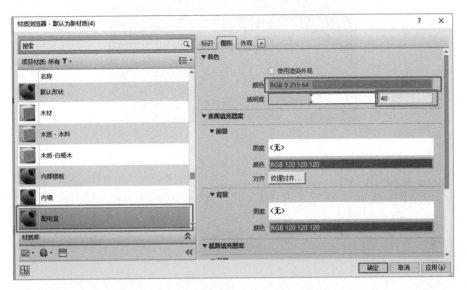

图 8-36 设置材质参数（虚拟区域制作）

9）设置材质。【配电室】的材质被设置在了【值】里面。之后单击【确定】按钮，如图 8-37 所示。

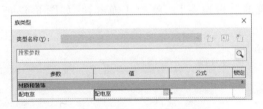

图 8-37 设置材质（虚拟区域制作）

10）创建拉伸形状。在【创建】工具栏中单击【拉伸】，之后在【修改|创建拉伸】工具栏中选择想要建模的图形。本小节以矩形为例，单击选择【矩形】工具，如图 8-38 所示。在已经拾取的平面上绘制矩形，矩形大小按照需要覆盖的工作区域来决定。

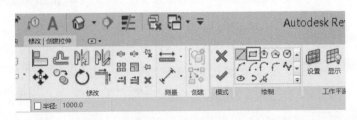

图 8-38 创建拉伸形状（虚拟区域制作）

11）绘制矩形。绘制一个尺寸为 8000mm×5500mm 的矩形，如图 8-39 所示。然后单击【✓】以结束操作，如图 8-40 所示。

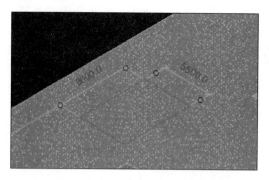

图 8-39　绘制矩形（虚拟区域制作）

图 8-40　完成创建（虚拟区域制作）

12）关联材质。接下来单击绘制的矩形，并使用箭头将绘制的矩形拉伸到想要的高度和宽度，并调整至合适位置。最后，在窗口左侧的【属性】面板中选择【材质和装饰】，单击【材质】进行设置，如图 8-41 所示。

在材质库中找到设置的【配电室】，单击【确定】，如图 8-42 所示。

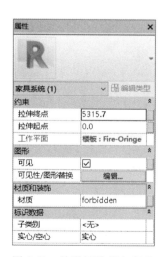

图 8-41　关联材质-添加材质
（虚拟区域制作）

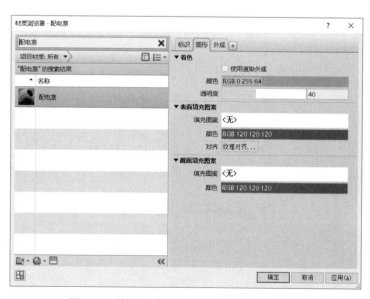

图 8-42　关联材质-设置材质（虚拟区域制作）

13）应用材质。更改【材质】后，在属性栏单击【应用】，绘制的矩形虚拟工作空间会显示为设定的绿色。

8.2 BIM 模型导出

8.2.1 Navisworks 导出方法

为了将 BIM 模型转化为 VR 模型并在 Unity 中开发测试平台，需要将 Revit 中所建模型，通过 Autodesk Navisworks Manage 导出，本小节以 8.1.1 节中场景一模型为例进行演示。

1）导出格式设置。首先将场景一的 BIM 模型在 Revit 中打开，在【文件】选择【导出】，选择【NWC】，并保存至桌面，如图 8-43 和图 8-44 所示。

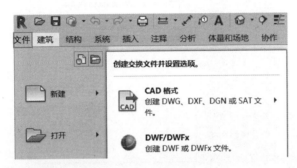

图 8-43　打开 Revit 模型文件后的【文件】工具栏

图 8-44　选择 NWC 格式导出

导出后获得后缀为【.nwc】的新文件。

2）FBX 格式导出。以下使用 Autodesk Naviswork Manage 打开新文件。单击左上角应用程序按钮【N】，选择【导出】，选择【FBX】，如图 8-45 所示。

图 8-45　选择 FBX 格式导出

3）导出 FBX 参数设置。在【包含】区域中选择所需的选项，如图 8-46 所示。选中【纹理】【光源】和【相机】。【纹理】选择【嵌入】。为了保证本次导出图纸的完整度和精细度，【多边形限制】不启用，如果导出的文件太大，请尝试启用此功能并减少多边形的数量。【高级选项】中的【将单位转换为】选择【米】和 Revit 建模时使用的单位保持一致。【FBX 文件格式】和【FBX 文件版本】按照需要选择。

图 8-46　导出 FBX 参数设置

4）导出项目。单击【确定】按钮，在【导出】对话框中，输入新的文件名和位置，单击【保存】。保存后将会获得后缀为【.fbx】的新文件。

5）新建 Unity 3D 项目。打开 Unity Hub，选择【新建】，模板选择【3D】，单击【创建】，如图 8-47 所示。

6）重命名文件。将获得后缀为【.fbx】的新文件拖入【Assets】中，右击导入的文件，选择【重命名】或者【Rename】，将文件名更改为【scenario1】，如图 8-48 所示。

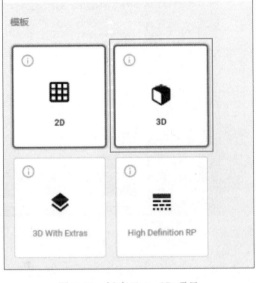

图 8-47　新建 Unity 3D 项目

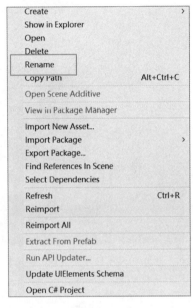

图 8-48　重命名文件

7）项目导入。将文件从【Assets】中拖入至左侧【Hierarchy】的【SampleScene】中，如图 8-49 所示。

8）项目导入结束。成功导入后，即可在【Scene】看到场景一的模型，可以在 Unity 平台中进行更多开发。

8.2.2　Tridify 导出方法

除了可以使用 Autodesk Navisworks Manage 导出模型，还可以使用 Tridify 导出 BIM 模型，本小节以场景一模型为例。

1）导出项目。将需要在 Unity 中进行开发的模型，在 Revit 中【导出】选择【IFC】，如图 8-50 所示。

2）格式转换。将导出的 IFC 文件上传至 Tridify，并进行格式的转换。

3）项目导入。在 Unity 的 asset store 中下载 Tridify BIM Tools 并导入。

4）登录账户并导入项目。在 Unity 中选择【Tools】中的【Tridify】，单击【Conversion Projects】，登录账户，如图 8-51 所示。在【My File】中选择模型，单击【Load selected】。

5）项目导入结束。成功导入后，即可在【Scene】看到场景一的模型，可以在 Unity 平台中进行更多开发。

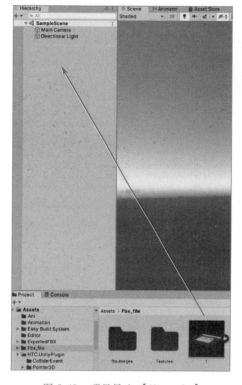

图 8-49　项目导入【Hierarchy】

图 8-50　IFC 格式导出

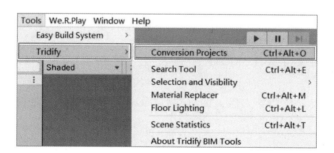

图 8-51　登录账户

8.2.3　数据丢失及手动添加

当 BIM 模型从 Revit 导出至 Unity 后，可能会发生数据丢失。由于使用 Autodesk Navisworks Manage 导出模型后，只能通过手动检查 BIM 模型和 Unity 模型的差异，再进行手动添加丢失的数据，效率和准确性较低。所以本小节将简述使用 Tridify 发现材质丢失以及如何手动添加丢失的材质。

使用 Tridify 进行模型导出的办法可以保留模型的原始层级关系。因此可以通过在 Unity 中看到模型中构件的编号。之后在 Revit 单击【管理】，单击【按 ID 选择】，使用编号查找到模型原始的材质，并在 Unity 中修改材质，与 Revit 模型材质保持一致。

■ 8.3　基于 Unity 的虚拟工作空间创建

除了可以使用 Revit 制作不同颜色的虚拟工作空间，也可以在 Unity 中制作，本节以在 scenario1 的模型中制作虚拟工作空间为例。

1）新建 3D 物体。首先在 Unity 中打开场景一的模型，在【Hierarchy】中右击，选择【3D Object】，再选择【Cube】，如图 8-52 所示。

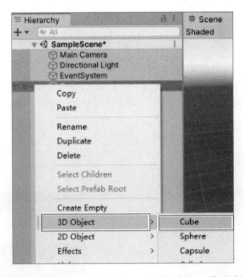

图 8-52　创建 Cube（基于 Unity 的虚拟工作空间）

2）调整 3D 物体位置。Cube 生成后，按<R>键可以修改大小，按<W>键可以调整位置。

3）设置材质。在【Project】中新建 Material，如图 8-53 所示。

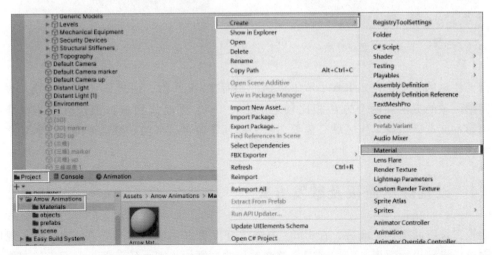

图 8-53　新建 Material

4）重命名材质。对新建的 Material 进行重命名。

5）调整参数。接下来对 Material 进行调整。首先将【Inspector】中的【Rendering Mode】选为【Fade】，如图 8-54 所示。

6）材质参数设定。在【Inspector】中单击【Albedo】，可对材质的颜色和透明度进行设定，拖动【A】调整透明度，如图 8-55 所示。

7）材质关联。最后将新建好的材质球拖至需要添加材质的构件上，如图 8-56 所示。

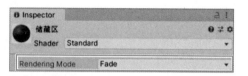

图 8-54　设置 Rendering Mode

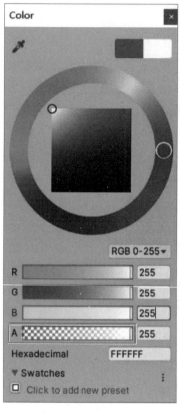

图 8-55　设置透明度和材质

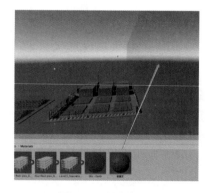

图 8-56　添加材质

需要注意的事项：在 8.1.6 小节中提到了如何在 Revit 中，通过添加虚拟区域来表示不同风险的区域的办法。两个方法相比较之下，在 Unity 里面添加虚拟工作空间的精准度较差，阴影不能准确覆盖工作区域，需要多次手动调整位置，可能导致误差的产生，随之影响安全培训效果。

■ 8.4　设置提示面板及触发方式

虚拟工作空间制作完成后，在 Unity 中继续开发更多功能。本节旨在 Unity 中实现用户点击物体，出现提示面板，以达到安全教育的目的。制作步骤大致包括提示面板的制作、触发体制作、脚本的编写等。

8.4.1 制作提示面板

制作提示面板具体操作步骤如下：

1）新建 UI 模型。首先需要在【Hierarchy】中右击建立 Canvas，如图 8-57 所示。

2）调整 Inspector 参数。Canvas 新建之后，在【Inspector】栏中；【Layer】选择【UI】，并调整大小和位置，【Render Mode】选择【World Space】，【Additional Shader Channels】中自动选择了【Nothing】，如图 8-58 所示。

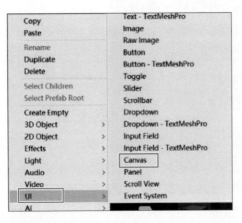

图 8-57 创建 Canvas（制作提示面板）

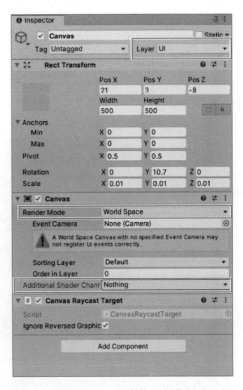

图 8-58 调整 Inspector 参数（制作提示面板）

3）建立 Text 和 Button。在【Hierarchy】中【Canvas】下分别建立 Text 和 Button，并调整坐标位置，如图 8-59 所示。

4）编辑文本信息。Text 的内容可在左侧【Inspector】中进行编辑。

5）编辑提示面板信息。Button 建立后，可以在 Button 下的 Text 中编辑文字。编辑完成后，如图 8-60 所示。

8.4.2 制作触发物体

制作触发物体具体步骤如下：

1）新建 3D 物体。按照建立 Canvas 的方法，建立 Cube，并确保在右侧【Inspector】中显示【Box Collider】或者【Mesh Collider】，本小节以设置为【Box Collider】为例，如图 8-61 所示。

2）编写脚本。为了实现点击物体出现提示面板的效果。需要新建 Script 并命名为【CubeClick】，脚本内容如图 8-62 所示。

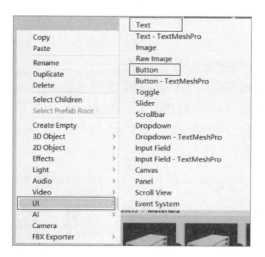

图 8-59　新建 Text、Button

图 8-60　提示面板

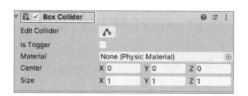

图 8-61　建立 Cube（制作触发物体）

3）关联脚本。将建立好的【CubeClick】脚本拖动至左侧【Hierarchy】中的【Cube】，如图 8-63 所示。

4）新建 On Click。找到右侧【Inspector】中的【On Click】，并新建，如图 8-64 所示。

5）设置 On Click。接下来需要单击被赋予【CubeClick】脚本的【Cube】，将其拖至右侧【On Click】中的【None（Object）】处，【No Function】选择【CubeClick.Onclick】，如图 8-65 所示。

```csharp
1  using System.Collections;
2  using System.Collections.Generic;
3  using UnityEngine;
4
   No asset usages  usages  inheritors  ext methods  exposing APIs
5  public class CubeClick : MonoBehaviour
6  {
7      // Start is called before the first frame update
8      public GameObject UI;  Unchanged
       Event function  usages  overrides  ext methods  exposing APIs
9      void Start()
10     {
11
12     }
13
14     // Update is called once per frame
       Event function  usages  overrides  ext methods  exposing APIs
15     void Update()
16     {
17
18     }
19
        usages  overrides  ext methods  exposing APIs
20     public void Onclick()
21     {
22         UI.SetActive(true);
23     }
24  }
25
```

图 8-62　编写脚本（制作触发物体）

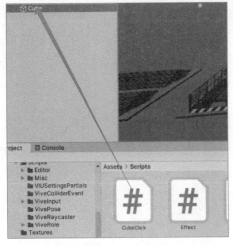

图 8-63　导入 CubeClick

图 8-64　新建 On Click

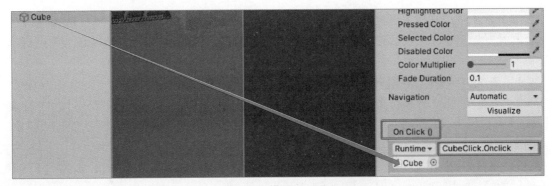

图 8-65　设置 On Click

6）重命名 Canvas。为了分类归纳，接下来重新命名 Canvas 为【Description_cube】。

7）调整属性。取消勾选【Description_cube】，如图 8-66 所示。此时控制面板消失，左侧【Hierarchy】中的【Description_cube】变为灰色。

图 8-66　取消勾选【Description_cube】

8）UI 导入。单击 Cube，在【Inspector】中找到【Cube Click（Script）】，将左侧【Description_cube】拖入至【UI】，如图 8-67 所示。

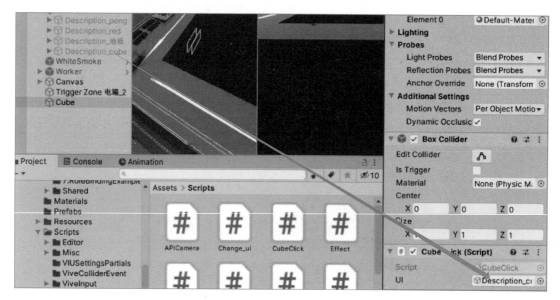

图 8-67　将 Description_cube 导入 UI

9）运行检查效果。最后在 Unity 中运行并检查效果。

■ 8.5　设定视野亮度

本节旨在通过调整视野亮度提醒用户踏入危险区域，即在 Unity 中若用户踏入危险区域，其视野将会变暗，以达到警示和安全教育的目的。本节以边坡坍塌危险区域为例进行操作说明。

1）新建 3D 物体。在【Hierarchy】中右击建立 Panel，如图 8-68 所示。

2）调整模型大小和位置。Panel 新建之后，首先重命名为【Trigger Zone】。之后在【Inspector】栏中【Layer】选择【Default】，并调整大小和位置，使 Panel 置于堆土区下方，如图 8-69 所示。

3）新建参数。在【Inspector】栏中，【Box Collider】勾选【Is Trigger】；新增【Rigidbody】，并勾选【Is Kinematic】；新增【Teleportable】。

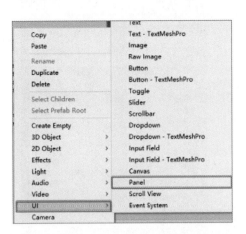

图 8-68 建立 Panel（设定视野亮度）

图 8-69 调整模型大小和位置

4）编写脚本。在【Inspector】栏中新增 Script，并编写脚本，重新命名为【TriggerZone】，脚本内容如图 8-70 所示。

```
1    using System.Collections;
2    using System.Collections.Generic;
3    using UnityEngine;
4
5    public class TriggerZone : MonoBehaviour
6    {
7        public GameObject triggerObj;
8
9        private void OnTriggerEnter(Collider other)
10       {
11           if (other.CompareTag("Player"))
12           {
13               triggerObj.SetActive(true);
14           }
15       }
16
17       private void OnTriggerExit(Collider other)
18       {
19           if (other.CompareTag("Player"))
20           {
21               triggerObj.SetActive(false);
22           }
23       }
24   }
25
```

图 8-70 编写脚本 TriggerZone

5）新建 3D 物体。Panel 和 TriggerZone 脚本设置好后，在【Hierarchy】找到【VROrigin】下的【ViveCameraRig】，新建 Canvas，并命名为【Canvas】。

6）调整参数。在【Inspector】中将【Canvas】的【Render Mode】设置为【World Space】，【Layer】选择【UI】并调整位置和大小。之后在【Inspector】中新建构件【Canvas Raycast Target】，如图 8-71 所示。

7）调整 Panel 大小和颜色。在【Canvas】下新建 Panel，调整大小和颜色，如图 8-72 所示。

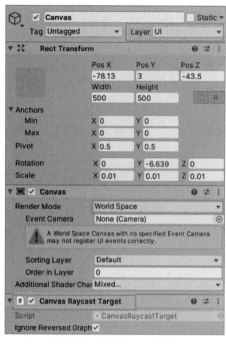

图 8-71　调整 Layer 参数

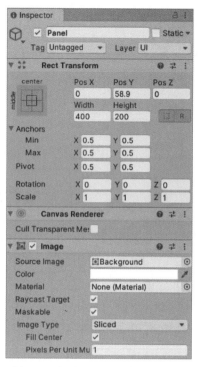

图 8-72　调整 Panel 的大小和颜色

8）关联脚本。之后将【TriggerZone】脚本拖至左侧【Hierarchy】中的【Trigger Zone】，如图 8-73 所示。

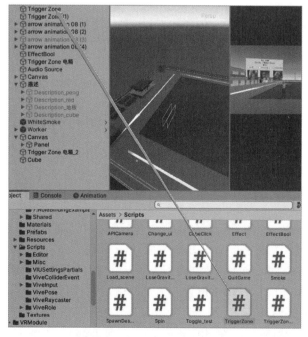

图 8-73　导入 TriggerZone

9) 导入 Canvas 至 Inspector。单击左侧【Hierarchy】中的【Trigger Zone】，之后将【Canvas】拖入右侧【Inspector】中【Trigger Zone（Script）】的【Trigger Obj】中，如图 8-74 所示。

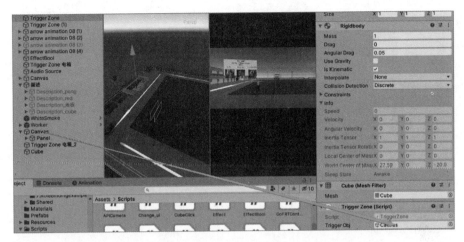

图 8-74　导入 Canvas 至 Inspector

10) 调整属性。将 Canvas 设置为不可见，如图 8-75 所示，之后在右侧的【Inspector】中将【Mesh Renderer】设置为不可见，如图 8-76 所示。最后运行场景并检查效果。

图 8-75　设置 Canvas 可见性

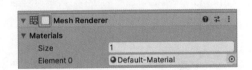

图 8-76　设置 Trigger Zone 可见性

11) 运行检查效果。最后在 Unity 中运行并检查效果。

■ 8.6　用户穿戴安全装备

本节旨在 Unity 中开发穿戴安全装备，以达到提高工人安全意识的目的。图 8-77 中的效果是最终要在 Unity 中实现，制作步骤大致包括选择面板制作和人物穿戴效果制作。

8.6.1　制作选择面板

制作选择面板具体操作步骤如下：

1) 新建 3D 物体。首先需要在【Hierarchy】中右击建立 Canvas，如图 8-78 所示。

2) 调整参数。Canvas 新建之后，设置【Inspector】参数，【Layer】选择【UI】，并调整大小和位置；【Render Mode】选择【World Space】。由于初始模型是从 Revit 中导出，所以在【Additional Shader Channels】中自动选择了【TexCoord2】【Normal】和【Tangent】，如图 8-79 所示。

图 8-77　人物穿戴效果

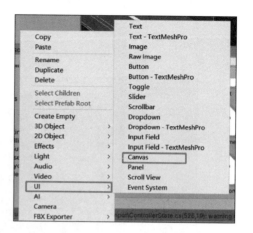

图 8-78　创建 Canvas（面板制作）

3）新建 3D 物体。之后按照建立 Canvas 的方法，建立 Panel，并拖动【Panel】从属于【Canvas】，如图 8-80 所示。

4）调整参数。Panel 新建之后，在【Inspector】栏中【Layer】选择【UI】，并调整坐标位置，如图 8-81 所示。

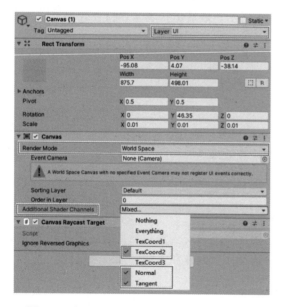

图 8-79　调整 Inspector 参数（制作选择面板）

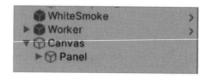

图 8-80　建立 Panel

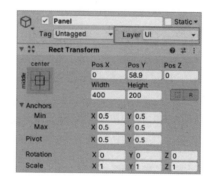

图 8-81　调整坐标位置

5）调整面板颜色和透明度。在【Inspector】栏中【Image】可对面板颜色和透明度进行设置。

6）新建 UI 模型。按照步骤 1）和步骤 2）的方法，建立 Text，并拖动【Text】从属于【Panel】，如图 8-82 所示。

7）调整参数。Text 新建之后，在【Inspector】栏中【Layer】选择【UI】，并调整位置。

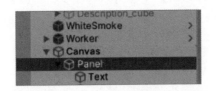

图 8-82 修改 Text 从属关系

8）编辑 Text。在【Inspector】栏的【Text】中进行文本编辑。如图 8-83 所示。

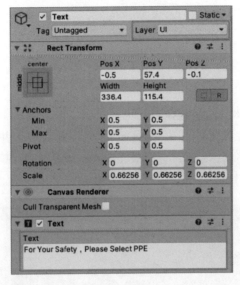

图 8-83 编辑 Text

9）建立 Toggle。按照上述步骤，建立 3 个 Toggle，并重新命名为本小节设置的三个安全设备——手套、头盔、背心。之后拖动三个 Toggle 从属于【Text】，如图 8-84 所示。

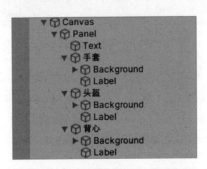

图 8-84 建立 Toggle

10）关联图片。下载与三个安全装备相关的图片，并拖动至【Panel】中。再将下载的图片拖入至【Assets】，并在【Texture Type】中选择【Sprite（2D and UI）】，单击【Apply】。

11）调整图片属性。将需要的图片拖入至场景中，拖入后会在左侧【Hierarchy】中出现被拖动的图片文件,在【Inspector】中将【Layer】改为【UI】,并调整图片大小。再将三张图片分别重新命名,并拖动三个图片从属于【背心】,如图 8-85 所示。

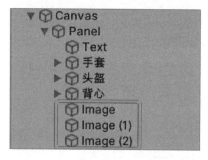

图 8-85　修改图片从属关系

8.6.2　制作人物穿戴效果

制作人物穿戴效果具体操作步骤如下:

1)下载素材。工人的素材可以在 Asset Store 里下载获得,并在【Assets】中可看到下载后的素材。将工人素材拖至场景中,左侧【Hierarchy】中出现对应的文件,为了方便查找,本小节将其重命名为【Worker】,如图 8-86 所示。

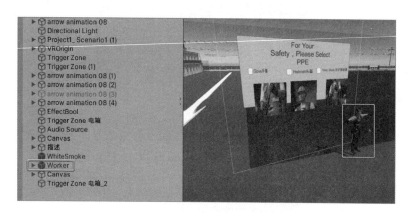

图 8-86　下载素材

2)调整素材属性。为了实现工人安全装备穿戴的效果。需要将工人身上带有的【手套】【头盔】和【背心】效果关闭。单击【Hierarchy】中【Worker】模型包含的元素,并将【Armani】【Gloves】【Helmet】和【Vest】每个元素对应的【Inspector】关闭,如图 8-87所示。

图 8-87　调整安全装备的可视性

3)编写脚本。为了达到点击对话框中的选项,对应的安全装备出现在工人身上,再次点击时，安全装备消失的效果。本小节以【手套】元素为例，首先需要编写脚本，并命名为【Toggle_test】，如图 8-88 所示。

```
4    using UnityEngine.Events;
5    using UnityEngine.UI;
6
7  ┌─public class Toggle_test : MonoBehaviour
8  │ {
9  │      public GameObject glove;
10 │      // Start is called before the first frame update
11 │      void Start()
12 │   ┌─ {
13 │   │      // this.GetComponent<Toggle>().onValueChanged.AddListener(this.GetComponent<Toggle>().isOn => OnClick());
14 │   └─ }
15 │
16 │      // Update is called once per frame
17 │      void Update()
18 │   ┌─ {
19 │   │
20 │   └─ }
21 │
22 │      public void OnClick()
23 │   ┌─ {
24 │   │      if (this.GetComponent<Toggle>().isOn)
25 │   │   ┌─ {
26 │   │   │      glove.SetActive(true);
27 │   │   │      print(message: "On");
28 │   │   └─ }
29 │   │      else
30 │   │   ┌─ {
31 │   │   │      glove.SetActive(false);
32 │   │   └─ }
33 │   └─ }
34 └─}
35
```

图 8-88　编写脚本 Toggle_test

4）关联脚本。脚本编写之后。单击【Hierarchy】中的【手套（Toggle_test）】，将【手套（Toggle-test）】拖入至左侧【Inspector】中的【On Value Changed（Boolean）】，并在右侧选择【Toggle_test. OnClick】，如图 8-89 所示。

图 8-89　导入手套至 On Value Changed

5）导入 Toggle_test Script 和 Gloves 至 Script。单击【Add Component】，将【Toggle_test】脚本插入至【Script】，并将【Worker】中的【Gloves】元素拖入，如图 8-90 所示。

图 8-90　导入 Toggle_test Script 和 Gloves 至 Script

6）运行检查效果。【头盔】和【背心】穿戴效果均可按上述步骤完成，最后在 Unity 中运行并检查效果。

 课后题

1.【实操】：参照 8.1 节中虚拟区域的制作方法，在 Revit 中创建虚拟区域。

2.【实操】：参照 8.2.1 节中使用 Autodesk Navisworks Manage 导出 BIM 模型的方法，导出新的 BIM 模型并在 Unity 中打开。

3.【实操】：参照 8.2.2 节中使用 Tridify 导出 BIM 模型的方法，导出新的 BIM 模型并在

Unity 中打开。

4. 【实操】：参照 8.2.3 节中查找丢失数据及手动添加丢失数据的方法，使用 Tridify 查找新模型的材质丢失情况并手动添加材质。

5. 【实操】：参照 8.3 节中虚拟工作空间制作方法，在 Unity 中创建新的虚拟工作空间。

6. 【实操】：参照 8.4 节所述方法，在 Unity 中创建提示面板与触发物体。

7. 【实操】：参照 8.5 节所述方法，在 Unity 中创建 Trigger Zone。

8. 【实操】：参照 8.6.2 节人物穿戴安全手套的制作方法，在 Unity 中创建人物穿戴安全装备效果。

参 考 文 献

[1] 仇保兴. 中国智慧城市发展研究报告：2012—2013 年度 ［M］. 北京：中国建筑工业出版社，2013.

[2] 郭理桥. 智慧城市导论 ［M］. 北京：中信出版社，2015.

[3] 宁振伟，朱庆，夏玉平. 数字城市三维建模技术与实践 ［M］. 北京：测绘出版社，2013.

[4] 李久林. 大型施工总承包工程 BIM 技术研究与应用 ［M］. 北京：中国建筑工业出版社，2014.

[5] 刘界鹏，周绪红，伍洲，等. 智能建造基础算法教程 ［M］. 北京：中国建筑工业出版社，2021.

[6] 刘文锋，廖维张，胡昌斌. 智能建造概论 ［M］. 北京：北京大学出版社，2021.

[7] 周绪红，刘界鹏，冯亮，等. 建筑智能建造技术初探及其应用 ［M］. 北京：中国建筑工业出版社，2021.

[8] 徐照，徐春社，袁竞峰，等. BIM 技术与现代化建筑运维管理 ［M］. 南京：东南大学出版社，2018.

[9] 李一叶. BIM 设计软件与制图：基于 Revit 的制图实践 ［M］. 重庆：重庆大学出版社，2017.

[10] 李久林，魏来，王勇，等. 智能建造理论与实践 ［M］. 北京：中国建筑工业出版社，2015.

[11] LEITE F. BIM for design coordination：a virtual design and construction guide for designers，general contractors，and mep subcontractors ［M］. Hoboken：Wiley，2019.

[12] 陈昕.《中国建筑施工行业信息化发展报告（2017）智慧工地应用与发展》介绍 ［J］. 中国建设信息化，2017（14）：48-49.

[13] 徐阳，金晓威，李惠. 土木工程智能科学与技术研究现状及展望 ［J］. 建筑结构学报，2022，43（9）：23-35.

[14] 南锦顺. 智能建造背景下 BIM 设计及应用现状与发展趋势分析 ［J］. 智能建筑与智慧城市，2022（7）：82-84.

[15] 丁文玲，林黛. BIM 技术在大型城市综合体工程智能建造中的应用 ［J］. 建筑技术开发. 2021，48（22）：97-98.

[16] 张为. BIM 设计平台下的暖通空调系统工程结构体集成化设计方法 ［J］. 中国建设信息化. 2022（13）：61-63.

[17] 李俊松，董凤翔. 铁路工程 BIM 正向设计的思考与实践 ［J］. 中国铁路. 2022（7）：7-11.

[18] PRABHAKARAN A，MAHAMADU A，MAHDJOUBI L，et al. BIM-based immersive collaborative environment for furniture，fixture and equipment design ［J］. Automation in Construction，2022（142）：104489.

[19] BAO Q Q，CHENG Q，QU Q L，et al. Research on informatization construction monitoring technology of long-span continuous beam bridge with extra-long continuous units based on BIM ［C］//Proceedings of the international conference on electronic information engineering，big data，and computer technology（EIBDCT 2022）. Sanya，China：Academic exchange in formation center，2022：122562655-660.

[20] ZHOU C H，YAN J. BIM and IoT integration applied in airport infrastructure construction ［C］//Proceedings of the international conference on intelligent traffic systems and smart city（ITSSC 2021）. Zhengzhou，China：The society of photo-optical information engineers，2021：1216567-73.

[21] JU J. Research on lightweight of BIM model ［C］//Proceedings of the 8th international symposium on project management，China（ISPM2020）. ［s.l.］：Aussino Academic Publishing House，2020：915-918.